こころが軽くなる
認知症ケアの
ストレス対処法

Still, there is hope at our side.
Matsumoto Issho
松本一生

中央法規

はじめに

　介護保険が始まってから16年を迎えたこの国には現在、軽度認知障害といわれる認知症の前段階まで含めると800万人の人がもの忘れと向き合っています。年々増え続ける高齢者だけではなく、若い人の若年性認知症も大きな問題となって私たちの前に突きつけられています。その人や家族の生活を支えることで、何らかの「不都合」があったとしても、人らしく人権を守られながら人生を全うするために介護職はなくてはならない存在です。

　一方でそのような専門家を目指した人々が、当初の思いとは裏腹に日々の介護から受ける、過剰なストレスによってバーンアウト（燃え尽き）してしまう現状も大きな問題です。介護の世界でも特に認知症をめぐる介護の場合には、本人と介護家族を支える介護職に大きなストレスがかかります。その結果、まだ仕事を続けたいと願っているにもかかわらず、ドクターストップをかけられる介護職もいます。

　認知症という病気を理解し、その人や家族を支えることとともに、介護職もまたストレスコントロールをすることで長く介護職として現場に立ち続けられてこそ、この国で増え続ける認知症の人や、その介護家族への最大の支援となることは、今一度確認されるべき大きな課題です。

　本書はストレスの正体を知り、介護職が出合うさまざまな現場での認知症によるストレスについて、実例をあげて説明するような構

成にしました。現場で介護職が出合う困難とまったく同じではなくても、事例をあげて対応を説明することで問題解決に役立てていただけるよう、Q&Aとして認知症にまつわる困難をあげています。

さらには介護職としての自分がどういった傾向をもっているのか、自身の姿に目を向けることで、ストレスを過剰にため込まないための方法を考え、個人的なストレスコントロール、組織としてのストレスケアを考えていきます。

日々の介護という課題を決して家族だけのものとして考えず、社会が支えていこうという考えのもとに介護保険が始まりました。しかし増え続ける認知症と向き合うこの国は、あの当時とは異なり、今、大きな岐路に立っています。そのようなときだからこそ、介護職のみなさんが介護家族と協力して認知症の人を支えると同時に、みなさんもまた大切な存在として守られなければならないのです。

介護職のなかには自らの仕事を終えて自宅に戻ったときに、それからの時間は介護家族として過ごす人もいることでしょう。人の支援をしながら介護の担い手になっている立場の人が増えた現在、人の介護や支援は自分が担当し、自らの介護はだれか別の人の支援を受けながら介護職を全うするといった考え方も大切になってきました。家族ほどではないけれど、家族の次に信頼できる人たちがお互いを支え合うこと、これが拡大家族ネットワークの考え方です。認知症という課題を社会が支え、介護職が燃え尽きることなく支え合うことを目指して本書を活用していただければ、これに勝る喜びはありません。

こころが軽くなる
認知症ケアのストレス対処法
目次

はじめに●001

認知症ケアと過剰ストレス●009

認知症ケアに特有のストレスとは●010

ストレスって悪いものなの？●012

過剰なストレスがかかる認知症ケア●014

その人の状態が「浮き沈みする」とは●015

認知症の人の命と生活を支えることへの
過剰ストレス●018

認知症の人を支援する仕事の宿命●020

ストレスによる体の変化●023

過剰ストレスによる身体表現と症状●024

めまい・ふらつきなどの不定愁訴●026

円形脱毛●028

身体の慢性痛［胃痛や背中の痛みなど］●030

高血圧・動揺性血圧●032

朝、起きられない●034

休みが取れると体調を崩す●036

第3章 ストレスによるこころの変化 ●039

過剰ストレスによる身体表現と症状 ●040

不安感 ●042

不眠 ●044

こだわり［強迫］●046

やる気のなさ［無気力］●048

燃え尽き［バーンアウト］●050

虐待行為 ●051

第4章 認知症ケアから生じる過剰ストレスへの対応とはたらきかけ ●053

過剰ストレスを受ける人に特徴的な行動パターン ●054

個人的にできるストレスケア ●056

組織として行うストレスケア ●058

地域・社会へのはたらきかけ
［認知症を正しく理解してもらうための介護職の役割］●059

今、不可抗力と思われていることについて ●061

バーンアウト[燃え尽き]してしまったら ●063

バーンアウトしやすいタイプの介護職とは ●064
バーンアウトしたときはうつへの警戒が必要 ●067
復職を考えるタイミング ●069
バーンアウトしそうになるあなたを支えるもの ●070
あなたがいるだけでこの世界は意味をもつ ●072

Q&Aで考える過剰ストレスと対応 ●075

認知症の人へのケアにおける過剰ストレス ●076

Q1 ● 1人で夜勤するとき、胸の動悸が消えません。●076

Q2 ● 1日中激怒する人に困っています。●078

Q3 ● 昼夜逆転してしまった利用者への対応に苦慮しています。●080

Q4 ● 他の利用者に手をあげる人がいて困っています。●082

Q5 ● 勝手に人の物を盗ってしまう利用者がいます。●084

Q6 ● 放尿する利用者への対応はどうしたらいいですか。●086

Q7 ● なんでも口に入れようとする利用者への対応に困っています。●088

Q8●物盗られ妄想の強い利用者に、
疑われてしまいました。●091

Q9●夜間せん妄を目の当たりにして
夜勤が怖くなりました。●094

Q10●担当していた利用者が徘徊の末に亡くなり、
自責の念にかられています。●096

Q11●教科書どおりの症状ではないので、
対応がわかりません。●098

Q12●無気力な利用者への対応に困っています。●100

Q13●認知症の症状だということは頭では理解していますが、
それでも自信がなくなります。●102

介護家族とのかかわりによる過剰ストレス●104

Q14●家族の前で、つい言ってはいけないことを
口にしてしまいました。●104

Q15●クレーマー家族に困っています。●106

Q16●家族に「訴えてやる」と言われました。●109

Q17●家族による虐待行為を見つけてしまいました。●111

認知症ケアをめぐる専門職間での
過剰ストレス●114

Q18●同僚が認知症のことをよくわかっていません。●114

Q19●人手不足で職員を育てられません。●116

Q20●非難されているように感じて、
同僚に悩みを相談できません。●118

Q21●ホームヘルパーとの関係に悩んでいます。●120

Q22●ケアマネジャーとの関係に悩んでいます。●122

Q23●新人ソーシャルワーカーとの関係に悩んでいます。●124

Q24●介護職と看護職との関係に悩んでいます。●126

Q25●医師の処方に対して
意見を述べてもよいのでしょうか。●129

地域とのかかわりによる過剰ストレス●132

Q26●制度を活用するのに
行政との関係がうまくいきません。●132

Q27●個人情報保護で情報が共有できず困っています。●134

Q28●地域の人と金銭トラブルが起きて困っています。●136

Q29●利用者が万引きしたと誤解されました。●138

Q30●認知症の利用者が地域の人に
けがをさせてしまいました。●140

Q31●火を出しそうな利用者が心配です。●142

Q32●ごみのことで近隣から文句を言われました。●145

Q33●町内会の役員が認知症に理解がなくて
困っています。●148

終章

こんな私たちにもできること●151

なぜ、私がこの本を書こうと思ったか●152

自分へのエンパワメントも大切、
反省ばかりしないこと●154

だれがあなたを引きとめてくれるか●155

おわりに●157

第1章
認知症ケアと過剰ストレス

認知症ケアに特有のストレスとは

　認知症に限らずおよそ病気というものは、その当事者にとっても、介護者にとっても、そして支援する人にとっても負担がかかるものです。病気が治らないことへの焦り、健康に戻してあげられないことへの怒り、役に立てていないかもしれないという絶望感など、認知症には大きなストレス因が存在します。

　人間にとって大切な言語的、非言語的コミュニケーションができなくなることは、たとえ相手が病気だとしても、そこにかかわる人に過剰なストレスをもたらします。また、心理面でも何度も繰り返される質問(認知症の中核症状による)は、聞いてくる本人にとっては「初めてのこと」かもしれませんが、聞かれるほうにしてみれば何十回も繰り返される同じ質問に、常に同じような冷静な態度で、その質問を受け止めるのは至難の業です。

周辺症状の影響

　加えて周辺症状がもたらす行動面や精神面の混乱が加わると、過剰なストレスは耐えられる限界を超えてしまいます。周辺症状のうち本人が病気の初期に経験するのは不安感や気持ちの落ち込みなどですが、なかには近くにいる人への被害感が出て「私のお金を取ったのはあなた?」などと、身近で熱心に介護している家族に疑いを向けることもあります。やがて被害感が頂点に達すると、認知症の人は精神面での疑いの気持ちだけではなく、実際にお金を取り戻そ

うとして介護者の腕を掴んでくるような行動に出ることもあります。

　周辺症状は決して認知症の人が「疑い深く、イヤな人」だから出るのではなく、病気のために物事を曲解するために起こるのですから、本人にすれば事実とは異なっていても「お金を盗られた」という確信になってしまいます。コミュニケーションがうまくいかないうえに行動面や心理面の症状が出ることで、認知症という病気は他のものと比べても大きな負担を周囲に与えます。

認知症は脳が変化していく病気

　精神医療をしていると他の病気、例えば統合失調症なども曲解した被害感が出る病気ですが、こちらは症状が激しく出ている急性期がある一方で、症状が治まっている時期もあり再発を防ぎながら人生を送ることが十分に可能です。一方、認知症はどのような形であっても、脳が変化していく病気(器質性疾患といいます)です。これまでできていたことができなくなる病気というイメージを伴うことも事実です。

　アルツハイマー型認知症はβアミロイドがたまることで脳細胞が縮み、血管性認知症は脳内の毛細血管が詰まって微小脳梗塞(ラクナ梗塞)を繰り返すことで脳が変化します。すなわち認知症は少しずつ悪化していく慢性の経過をたどる病気であり、その進行のプロセスが認知症にかかわる人に過剰なストレスを与え続ける大きな原因です。

ストレスって悪いものなの？

ストレスとは

　人間に限らず生物は外界からの刺激によって体が反応します。だれかから攻撃されたとすると、その生物は抵抗しようとして構えます。反対に敵がいなくなって安心できる環境になれば、その生物はリラックスします。そのような外界に対する生物の反応をストレス反応といいます。一般的には「ストレスがまったくないのがよい」などと表現されますが、まったくストレスのない状況に置かれると生物にはよくありません。ある程度の刺激があってこそ自分の体を調整することができます。

自律神経の役割

　人の体は自分の意思で動かすことができる筋肉の動きを担当する運動神経や感覚神経などとともに、意識していなくても勝手に（自律的に）体の調整をする自律神経があります。この自律神経は2種類に分かれ、その生物を緊張させて相手からの攻撃に対応できるようにする交感神経と、緊張を解くときにはたらく副交感神経があり、それらは寝ているときにも自律的に体を調整しています。

　交感神経が刺激されて緊張すると、唾液が出なくなって口が渇いたり、心臓がドキドキするなどして自分の体を調整しています。外界からの刺激をもたらすものをストレッサーといいますが、この程

度がちょうどよければ体の状態もよく保たれます。

適度なストレスは必要

　先にも書いたようにストレッサーがまったく体に刺激を与えなくなると、私たちの体はコントロール不能になりますので、適度なストレスがかかりながら、それでいて体が過剰に反応することなく、よい程度の緊張感をもっている状態が望ましいストレスのかかり方です。適度にストレスがかかった状態が最も好ましいとは、なんと微妙なバランスでしょう。人間の体の調節はそれほどに難しいものなのです。言い換えれば格段に精密な機械が微妙なバランスを保ちながらはたらいているといったイメージでしょうか。しかも感情という厄介でデリケートな面をもち微調整が難しいものによって心身はコントロールされますが、そのことに気づいている人もいればストレスによって振り回されていることに気づいていない人もいます。

　よく気圧の変化に影響を受けやすく低気圧がくると体調を崩す人もいます。寒気団がやってくると微妙に体調が崩れる人もいます。外界の環境や心理的な影響など、さまざまな要因がはたらいていることを知りながらストレスコントロールをしなければなりません。

過剰なストレスがかかる認知症ケア

コミュニケーションがとれないことが介護を難しくしている

　さて、この考え方を認知症介護に置き換えてみましょう。仕事として介護職を選び、だれかの役に立とうとする人のこころには「だれかを助けることができれば自分は幸せだ」という前向きな気持ちがありますが、その気持ちは当然ながらある種のストレスを介護職にもたらします。

　その際に介護職と介護を受けている人との間に十分なコミュニケーションができれば、ストレスは過剰にならずにすみますが、認知症ケアにおいては相手との意思の疎通をはかるためのコミュニケーションができなくなる場合が多く、言葉の理解や相手の気持ちがわからなくなることがあります。

　もちろん、すべての人があらゆる場面でコミュニケーションがとれなくなるわけではありません。一見するとコミュニケーションがとれなくなっているかのように見える認知症の人でも、思った以上に能力をもち、周囲へのさまざまな気持ちをもっています。しかし上手なコミュニケーションはできません。たまたま了解がわるくなったときの認知症の人が混乱した場合でも、介護職はその反応に驚き、そして自らの善意に対する反応を見てこころに傷をもつことがあります。

認知症の行動・心理症状と過剰ストレス

　後になって考えれば「あの行動は認知症の行動・心理症状[BPSD●Behavioral Psychological Symptoms of Dementia 認知症のために起きる言動の乱れ 周辺症状ともいいます]によって起きたのだとしても、それを目の当たりにしたとき、介護職もショックを受け、過剰なストレスを受けることになります。「プロなのだからBPSDに対応して当たり前」と考えられますか。多くの場面でプロとしての自覚をもっていたとしても、やはり介護職や私のような医療職でも人のこころをもっています。相手が拒否的になれば自分の内面に小さな傷がつきます。プロ意識は大切ですが、同時に自分でも過剰負担になったと感じる力が求められます。

　私が日頃から連携する介護職のなかには、相手を受容しようとするあまりに、拒否的になっている自分を無意識のうちに「認めようとしない」人がいます。「自分が介護しなければならない」と思い込むあまりに、目の前にいる認知症の人がどれほど混乱していても、じっと我慢しようとするその介護職には想像を超える過剰なストレスがかかっていることが少なくありません。

その人の状態が「浮き沈みする」とは

症状の浮動がみられる

　認知症という病気自体には意識混濁を伴いません。ぼんやりして

意識がもうろうとしていない状態でも、判断力や記憶が保てなくなる病気が認知症であるという定義があります。言い換えれば意識はしっかりとしていることが認知症の診断をするうえでは大切です。しかし認知症になると脳が縮むことや血管が詰まることによって脳が小さくなったり、脳の中に「鬆(す)」が入るような状態になるために、合併する症状として昼夜のリズムが悪くなることや時間による変化が出てくることがあります。

　それが状態の「浮き沈み」として表面化します。例えば朝から夕方までぼんやり過ごしてきたにもかかわらず、夕刻からリズムが乱れ、意識が軽く混濁する状態が重なってくると、その人はせん妄（軽度の意識混濁があり、目を開けて起きているように見えても頭の中だけは寝たような状態）と認知症が混ざった状態になります。介護をしていてもある時間帯になるとより混乱するにもかかわらず、何時間か経つと元の状態に戻るといった「症状の浮動」がみられるのは、そういったときです。

せん妄への対応

　せん妄は必ずしも認知症に合併するとは限りません。アルコール依存症の人にも起きます。また、救急搬送された人が病院に入院した夜に混乱して点滴のチューブを引き抜いてしまうようなことがありますが、そのようなときにもせん妄が起きていることがあります。

　元は別々の病気ですが、認知症の人には合併しやすいため、せん妄が起きていないかを見極めるのが介護のストレスを軽減するためにも大切です。

　一般的には、目の焦点が定まらないようなうつろな表情になるこ

となどで見極めていきます。せん妄が起きていなくても認知症の人の状態が1日のなかで変わることがあります。脳に変化があるために普段なら影響を受けないような環境の変化に対する抵抗力が低下することが原因です。

介護をしていて「これまでの状態とまったく違う」と感じるような急変があると介護者には強烈なストレスがかかります。夜中の1人当直が何よりも不安なのは、なにもあなただけではありません。急変に備えるためにも普段からその人の状態の変化の傾向があるか知っておくことが大切です。家族からの情報で明け方に混乱しやすいことを聞いておくだけでもあわてずに対応できるからです。

図表1. せん妄の特徴

軽い意識混濁を伴う	認知症と合併することがある [本来、認知症は意識混濁がなく、認知する力などが低下している状態]
活動が活発になるもの [夜間の混乱など]、 活動が低下するものがある	アルコール離脱や全身状態の悪化などで発症することもある [心理的・社会的・生物学的な要因がからむことがある]

認知症の人の命と生活を支えることへの過剰ストレス

介護職の仕事は、認知症の人の生活全体を支えること

　介護職の仕事は認知症の人の生活を支えることにあります。医療が病気の治癒を目指しながらも完治できない認知症では、慢性生活習慣病の場合と同様に、その人の生涯を見守っていく覚悟が求められますが、介護職が受けもつのはもっと範囲の広い生活そのものです。医療がいったんその診療から離れると認知症の人と医療者の関係は距離があくのに対して、介護職の場合には途切れることがありません。ケアの場でも認知症の人の人生が終焉を迎えることがあります。終末期のケアを担う介護施設や在宅ケアの介護職が増えてきた昨今、いつ何時出合うかわからない命の終わりに寄り添うことは、介護職が気をつけないと過剰なストレスとして押し寄せてきます。

医療との連携

　医師として終末期医療に何年も携わってきましたが、それでも人の亡くなる目の前にいると強烈な思いが残ります。介護職が「医療は分野外」と思い込んでいて死と向き合うと、より強烈なイメージが残ります。介護職でも医療と連携しながら人の死にかかわることへの決意と覚悟をもつことが、むしろ過剰なストレスの軽減に役立ちます。私は介護職の人たちと連携して認知症の人を支える場合には「生活は支えてください。でも命にかかわる変化もあるでしょう。

あなたがまさにそのような場合に出合い、だれにも相談できない事態になった場合には、その時の責任は私にあると思ってください」と伝えています。これは何も介護職をただ安心させたいと考えて発言しているのではありません。

　担当する領域を明確にしておいて、生活面と医療面で体制を組み、「何かあった場合にも介護職に責任は及ばないこと」とはっきり決めておくことが大切です。あるグループホームで当直の晩に目の前で急激な血圧低下を起こして利用者が亡くなったことがあります。その夜の担当をした介護福祉士はその後、私に伝えてくれました。「先生が『急変時の対応はできる限りのことをする。それができないときには、あなたたち介護職のせいではない』と言ってくれているだけで、私たちは目の前の利用者の急変にあわてることなく対応することができます」と。介護と医療は日頃からのこころのつながりが大切です。

認知症の人を支援する仕事の宿命

　もう10年ほど前のことですが、私は自分の医療を受けた認知症の人とその家族に5段階で満足度を聞いたことがあります。対象にした人はランダムに選んだ17人でした。5段階の5が「大変満足」、4は「まあ、よし」、3は「ふつう」、2は「不満足」、1は「とても不満」と基準をつけました。その結果がグラフ[**図表2**]にあるとおりです。

　かろうじて5と4を足すと過半数になりましたが、3と2がこれほど多いとは予想しませんでした。3と2の答えをくれた人々の言葉が胸に残りました。「精一杯努力した、そのことはわかっています。でも、今になってみると先生に診てもらうよりももっと何か別のよい病院があったのではないかと思いました」と、その人たちは答えました。医療に携わっている以上、この意見はとてももっともなものだと思います。この次のよりよい医療に向かって努力しようと思いました。

　介護の世界ではもっと利用者や家族の要望は高くなると思います。先にも述べたように介護は認知症の人の生活全体を支えるからです。医療に対してはある程度抑えてくれた介護家族の気持ちは、生活全体を支える介護職には容赦なく降りかかってきます。それは何も利用者や家族が遠慮していないのではなくて、生活全般に及ぶために不満の気持ちがあふれてしまうからです。しかも介護については介護家族の「自分ではこの人に十分なケアをしてやれなかった」との後悔に満ちた気持ちが、すべて介護職に向けられます。「プロのあ

図表2. 治療に対する満足度

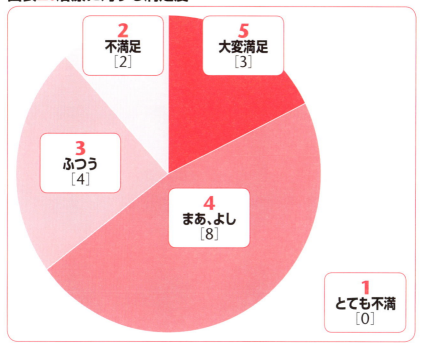

なたたちならできて当然だ」といった発言すら出てきます。私はこれを「償いの行為として、介護職が受ける過剰ストレスの最大のファクターとして気をつけるように言い続けています。

第2章
ストレスによる体の変化

人は自分を保つためにいくつかのコンディションをもちます。こころもダメ、体もダメという最悪のレベル、こころはなんとか保たれ、体がダメというレベル、こころも体も保たれているレベル。ここではこころに代わって体が反応することについて考えましょう。

過剰ストレスによる身体表現と症状

　こころと体には相関関係があります。「体調がよいのだから、どのようなストレスがかかっても私は大丈夫」と思っていても、意識していなかった過剰なストレスにさらされると、いつの間にか体には変調が起きてしまいます。「私はストレスに負けない丈夫な体をもっている。ストレスから体を悪くするなんて弱い証拠だ」と思いながら日々の仕事をしている人はいませんか。

　そのような場合にはこころに代わって体が変化を起こしてしまいます。しかもこころでは弱音を吐くことがなく、それでいて体が反応してしまうのですから当の本人には何が起きているのかわかりません。めまい、ふらつきに始まって高血圧など「体調の悪さ」が襲ってきた挙句、それでも無理をするといつの間にか、臓器の病気になってくることもあります。例えば胃炎、胃潰瘍、高血圧、慢性膵炎、過敏性腸症候群など。しまいには免疫低下や発がん率の上昇など数えきれないほどの病気が出てくることになります。

　日々の過剰なストレスをコントロールすることで、このような体の訴えからくる病気に向き合うことも大切なことです。そのようなことへの対応として大切なのは、いつ、どのような状況になったと

きにあなたの体に変調が起きるのかを、客観的に見ることでしょう。例えば仕事で大変な利用者の担当をして、どのくらい経過したころに体の訴えが出やすいかを大まかにでも把握できていれば、何も知らないまま体調変化がある場合に比べてずいぶんと対応ができるものです。自分の体に起きる変化のパターンを知ることからストレスコントロールは始まります。

めまい・ふらつきなどの不定愁訴

　めまいやふらつき、むかつきなど不定愁訴といわれているものには症状が固定している場合と、さまざまな症状が日替わりで入れ替わるような状態があります。固定した症状が続く場合にはたとえそれが軽い症状であっても、しっかりと原因疾患を見つけなければなりません。

　例えば軽いふらつきが続いたときに「症状が軽いから」と安心していると、それが次に起こる大きな脳梗塞の前の一過性脳虚血発作であったということは、現場ではよく目にすることです。軽くても症状が普段の自分の体調と異なる場合には医療機関に相談することも大切です。介護職にとって自己健康管理は基本事項の1つです。

　ここで取り上げるのは定まらない症状が日ごとに変わり、不定愁訴といわれているものです。一般的に人には体に訴えやすい臓器［標的臓器●Target Organ］があってストレス性胃潰瘍を起こしやすい人、心臓に訴えが来やすい人などに分かれますが、そのような一定の器官だけではなく、何となく訴えが出やすい人もいます。その場合、はっきりとしない症状が日替わりのように出ることもあり、周囲の人からは「根性がない」「怠けている」といった誤解を生むこともあります。しかし当の本人はいたってまじめに症状に悩んでいて、それを克服できないでいることが日々の過剰ストレスのコントロール不全を起こしていることさえあります。どのような状況でどういった症状が出るかを見極めることが大切です。

介護職が陥ってしまう危険性があるのは、「私はこんなことで体調を崩してしまうなんて気合が入っていない！　もっとしっかりと気合を入れなくてはいけない」と思うことです。何らかの体調の悪さ（不定愁訴）が出ていることに気づくことは、あなたにとって大切なメッセージが届いたのだと思ってください。第3章で詳しく述べますが、過剰なストレスを感じることができない失感情の人に比べれば、不定愁訴を小出しにして全体が破たんするのを防いでいると解釈することもできます。

　そのような自分の訴えを退けず、どういった状況でどのような体の反応が出るかをしっかりと見極めること、それには大きな勇気が必要です。自分のなかの反応を知ることは「自分は強い」と感じることに比べて無意識のなかの自分が否定しようとします。あえて自分の反応を弱さからではなく、自分の体の傾向であるととらえることができれば、体調に過剰な負担をかけずに対応する道が開けます。

円形脱毛

　唐突に円形脱毛ができて驚いた人もいるかもしれません。これまで何度も書いたように胃潰瘍や心臓の発作はだれでも「ストレス過剰かな？」と気づくのに対して、円形脱毛になった原因がストレスとは思わない人もいるはずです。

　頑張り屋で自分のつらさを自身が気づかないような人を「失感情」と表現しますが、そのような人に起きる体の反応といえるものです。もちろん原因はそれだけではないのですが、ストレス要因もあることを覚えていてください。

　著者の私にもかつて円形脱毛になった経験があります。小学校から中学に上がったときに突然、円形脱毛になりました。当時、ストレスからという印象はなく、新しい環境で新しい仲間との生活を夢見ていましたので、それはショックでした。それに加えて「そんなものができるなんてこころが弱いからだ」と決めつけられてしまい、ずいぶんと悔しい思いをした記憶があります。その後、精神科医になった大きな理由もそのあたりにあるのかもしれません。同じような経験をしている介護職がいるとすれば、この本をきっかけにして「弱いからではなく、自分にかかっている過剰ストレスを自身が意識せず、気丈にふるまっているうちに体が反応することがあるのだ」と、改めて認識してください。

　タイプA行動パターン[*1]と呼ばれる行動をしがちな人は、だれかと無意識に競い合ってしまうタイプであり、そのことを自覚せずに

繰り返していると、ある日突然に心筋梗塞を起こしてしまう可能性があります。円形脱毛ができた場合にも自分を卑下することなく、それでいて頑張りすぎの自分が無理な行動を続けていないか、今一度こころに目を向けてください。

「脱毛は恥ずかしい」かもしれません。しかし、あなたは弱いからそうなったのではなく、むしろ強い意志の持ち主だからそうなったのです。もちろんストレス以外にもアレルギーなどによっても円形脱毛は起きますが、こころの問題としては、強すぎる意志、使命感のある人の体がこころについていかず、身体表現したと思ってください。

*1
例えば、道を歩いていて同じ赤信号で止まり、次に歩き出したとき、人より遅くなるのが嫌で必ず速足になるなど競いがちな性格のこと。

身体の慢性痛
［胃痛や背中の痛みなど］

　痛みと過剰ストレスには深い関係があります。痛みには「閾値（いきち）」といって、そのレベル以上になると痛みを感じるようになる値があります。

　安心してリラックスしている人と、不安でこころにゆとりがない人を比較すると、明らかに後者のほうが少ない刺激でも「痛い」と感じやすくなります。少しの痛みでもつらく感じていた人のこころが安定し、気分にゆとりができると、加わっている痛み自体のレベルが変わらなくても痛みを感じなくなります。

　さて、それでは実際に介護現場で経験する介護職の「痛み」について考えていきましょう。介護の痛みは大きく分けると2つです。心理的なこころの痛みと体の痛みです。前者は介護職がその人のために熱心にプロとしてかかわっているにもかかわらず、その人に拒絶されるばかりか、もの盗られ妄想などが介護職に向けられてがっかりする「こころの痛み」です。

　一方、介護の仕事は体に負担がかかり、腰痛や腕の筋肉痛などを訴えている人も多いはずです。1日が終わろうとしたときに移乗や入浴の際に「体が痛い」と感じるのは何も素人だけではありません。

　しかし、その痛みの出方には要注意です。体の痛みが整形外科的な本当の痛みである場合には休息が大切ですが、このような痛みは1日が終わろうとする時間に向けて激しくなっていきます。体を酷使した結果です。

それに対してより注意が必要なのが、朝起きた直後に最も痛み、夕刻まで介護の仕事をしていくうちに楽になっていく痛みです。大きく分けると首（とくに後頸部）の痛み、肩や腰の痛みなどが出やすくなります。

　そのような朝の体のこわばりや痛みがある場合には、リウマチや腰の骨を調べた後、ストレス性の疼痛を疑わなければなりません。寝ているときにリラックスする副交感神経がはたらかず、体がじっと固まって寝ていたためかもしれません。

　介護職は日頃、介護という重労働をしていますが、それでもやはり軽く運動をして体をほぐすことが大切です。痛みが出たときには「あれ、もしかすると体がこころに代わって痛みを出していないかな」と自分が無理をしすぎていないか胸に手を当てて考えてみてください。

高血圧・動揺性血圧

　自律神経のうち交感神経が優位になると血管は収縮します。その結果として血圧が上がります。高血圧は脳出血やくも膜下出血の原因となり、だれもが注意しなければならない病態であることには疑う余地がありません。

　そのことをしっかりと注意していても見逃してしまうのが、動揺性血圧です。常に血圧が高い状態の高血圧に対して、動揺性血圧はその時々で血圧が変動するのが特徴です。

　みなさんは「白衣性高血圧」という言葉を聞いたことがあるでしょうか。病院で診察を受けるときになると、ドキドキして血圧が上がり、診察室から出ると安心して急激に血圧が低下するような状態をいいます。

　血管の中を流れる血液はふつうは血管が破れて外気に触れると固まっていくものです。けがを治すために赤血球が血小板によって固まる、血液凝固のはたらきがあるからです。しかし傷を受けていなくても血圧が急激に上がり、その後に急速な低下をすると、血管内を流れる血液の流れがいびつになり、それがきっかけとなって微小な血栓*2ができます。これが動揺性血圧では繰り返されるため、いつの間にか血栓が毛細血管に詰まるようになります。これが微小脳梗塞(ラクナ梗塞)の原因になります。

　過剰なストレスにさらされた場合、人の体の反応として交感神経が刺激され、その後、急激に血圧が下がるといつの間にか脳内にい

くつもの微小脳梗塞ができてしまうこと、これが最も注意しなければならない点です。もし、大きな脳梗塞が起きてしまうと、体に麻痺が残るようなことにもなりかねません。自分の血圧が急激に上下していないか、気をつけなければなりません。

　しかし、もう1つ考えなければならないことがあります。血圧や体温、脈拍など自律神経によってコントロールされているものは、その人がそれを気にして1日に何度も測れば測るほど不安定になってしまうことがあります。血圧を気にして何度も測っていると、血圧測定時にはとてつもなく高血圧になり、その後急激に低下する動揺性血圧を自ら起こしてしまうことになります。

　気になるからこそ測りたい血圧を何度も測ることをやめ、決まった時間に測るだけにとどめることも、動揺しやすい血圧コントロールには大切です。

*2
血管の中にできる小さな血のかたまり。
血管をつまらせてしまうため、細い血管につまると微小脳梗塞（ラクナ梗塞）につながります。

朝、起きられない

　前日の夜には「明日は大切な用事があるから、しっかりと起きなければならない」と思っているのに、いざ、その朝になると起きられないといったことはありませんか。

　熱心で生真面目な介護職であるほど、「次の仕事では失敗できない」と気負ってしまうものです。言い換えれば支援者として当たり

前のことなのですが、気をつけなければならないのは、その気負いを通り越して、過剰なストレスから「うつ状態」や「うつ病」になっていないか、しっかりと見極めることです。だれでも大変な経験をすると一時的に「うつ状態」になりますが、それが一時的なものではなく何か月も続く場合には「うつ病」ではないか見極めることが大切です。

　うつ病になると食欲がなくなり、1日のなかでも午前中に調子が悪くなります。午後や夕刻には症状が改善したように見えても、やはり次の日には調子が悪くなるといった状態が続きます。

　不眠も特徴的です。多くの人の不眠は「寝ないといけないと思うと眠れない」という神経性不眠であるのに対して、うつ病の不眠の場合にはいったん寝ても真夜中、午前2時や3時といった時間に「ぱっちりと」目が覚めてしまい、その後はまったく眠れないといった中途覚醒が特徴的です。

　また、気分も沈みますが、特にうつ病の場合には「自分が悪い」と自分を責め(自責感)ます。何事もうまくいかないのは自分のせいだと悩み、悪いことが起きるのは自分がいけないからだと思うようになります。介護職のなかには自分に厳しいあまり、いつも自責感を感じる人も多くいますが、度を超えた自責感はうつ病になっていないか、気をつけておくことが大切です。

　朝、起きられないという体の状態に見えて、じつは次の章で取り上げるこころの課題であることは少なくありません。しかもうつ病の場合、早く見つけて服薬することや生活面での対応をすることでよくなることが多いので、ぜひ、症状が気になったら医療機関に相談してください。

休みが取れると体調を崩す

　介護の仕事をしているとシフトの関係や日々の業務をはじめ、忙しい日々が待っています。休みを取りたくてもなかなか取れない現実があることでしょう。そんなときに奇跡的に1週間の休みを取る機会に恵まれたといったシチュエーションで、この体調変化は起こります。

　何年かぶりにやっともらえた7日間の休みなのに、最初の2〜3日は熱を出して寝込んでしまうあなたがいませんか。休みも後半になってやっと体調が整い、やっと休めたと思うと次の勤務が待っている、そんな日々を介護職は送りがちです。

　なぜそのような悲劇が起きるのでしょうか。それは過剰なストレスから解放されたことで、あなたの体が「解放された、体調を整えてもよい」と反応するために起きるのです。人は最大のストレスにさらされているときには、思ったよりも対応できるものです。でも、そのときに対応できているからといって必ずしも「ストレスがない」とは言えません。むしろ強烈なストレス下にあっても、何とか破たんせずにやっているのです。それがいったんストレスから解放されたと自認することで、体が反応してしまいます。

　リラックス誘発性発作とは、「やれやれ」と休むことができた日に限ってパニック発作などが起きることを指しますが、それと同じように急激なストレスからの解放は、かえって体の調子が整わなくても「当たり前」のことなのです。

　介護職の多くはそんなときにも「私がしっかりとしていないから、休みが取れたときに限って熱を出すのだ」と、また自分を責めます。くれぐれも確認しておきますが、解放されたときにパニック発作や発熱、風邪をひきやすくなることは、その介護職の弱さからくるのではありません。むしろその人がとても「頑張り屋さん」であるからこそ起きる体の反応なのです。自分を卑下することなく、「今、体が反応してもよいと思っているときだ」と思ってください。そう思えることが体の反応を適度に抑え込むには必要です。なぜなら体の反応は自分で気づくことなく出続けると、とめどなくなってしまいがちです。体の反応や悲鳴を発散させつつも、反応しすぎないようにコントロールすることで体調は回復できます。

第3章
ストレスによる こころの変化

人の体とこころの関係には不思議な関連があります。過剰なストレスがかかると体がこころに代わって最初に反応します。前章で紹介した種々の症状がそれです。言い換えればこころが破たんする一歩手前で、体の反応が起きて防いでいると言っても過言ではありません。ところが体の反応では対応しきれないほどにストレスが高まると、これから述べるようなこころの変化がやってきます。それらの症状について見ていくことにしましょう。

過剰ストレスによる身体表現と症状

　こころの変化にはさまざまなものがあります。不安や恐怖、人の命と生活を支えているという自負心と、それゆえに襲ってくる重圧感に耐えながら介護職は日々を送っています。大きなポイントは「いつの間にかうつになっていないか」を注意することと、自分のストレスが過剰になっているのに気づかずに過ごしていないか、の2点です。

　「うつ」の場合には夜中に目覚めてしまって疲れがしっかりととれない、食欲の低下、自分を責める気持ちなどが出ていないかを確かめることですが、ストレスを自覚しない場合には大きな問題となります。

　理由がわからないのに急に不安感が強くなり、いてもたってもいられない状態になるのが「不安症（不安障害）」ですが、それとは対極に失感情の人は自分のこころの負担を感じにくい傾向があります。その結果として体がいつの間にか変化してしまうのが先に書いた

「体の変化」です。

　ストレスを適度にこなしているうちはよいのですが、過剰になったストレスを感じることがないと、いつの間にか燃え尽きてしまいます。この章ではこころの変化をいくつかあげて、その理解と対応を知ることで過剰なストレスにならないような心がけを紹介します。

　なお、失感情という言葉から「感情がない人」だと誤解しないでください。鈍感な人などではありません。感情は豊かであっても、あまりにも「頑張り屋」であるために、自分のこころにも頑張ってしまう人のことを指します。言い換えれば「弱い人ではなくてむしろ強い人」なのですが、過剰なストレスがかかっていても「自分にはストレスがない」と思い込んでしまって無理をした結果、体が破たんしてしまいます。

　自分がいつもどのような気持ちになっているか、常に自覚すること、それがうつや失感情による心身症、そして不安障害と向き合うコツなのです。

不安感

　原因は見当たらなくても、突然、不安感に襲われると「いてもたってもいられない状態」になります。じっとしていられなくなる人、何度もトイレに行き来する人、不安から皮膚をかきむしってしまう人、いずれの場合にも不安からくる症状は心身症とは異なり、体の変化はきたしません。

　失感情から陥りやすい心身症が、こころの変化はないのに過剰ストレスから体の変化が起きている（例えば胃炎や高血圧）のに対して、不安障害では何度体の検査をしても「悪いところはない」と言われてしまいます。

　最も端的にそれを表すのが突然の心臓発作にみえる「パニック発作」でしょう。もう死ぬかと思うほどのドキドキがあって、あわてて病院に行き心電図や心エコーをしてもらっても何も心臓には悪いところが見つかりません。

　不安障害がやっかいなところはその点です。何も悪いところが見つからないと、その人は安心するかというとそうはならないのです。むしろ「それではどこか別のところに悪いところがあるはずだ」と思って、何軒もの医療機関をはしごする「ドクターショッピング」が始まります。

　また、夜間にベッドに入っていざ寝ようとすると、突然に不安感が襲ってくる場合があります。明日はもう目覚めないのではないかと不安になることをだれかに打ち明けたとしても、それに共感的理

　解を示してくれるとは限りません。こうなると、あなたのこころはいつも何かわけのわからない「不具合」と向き合うことになります。しかも先に書いたようにいくら原因を調べてみても、はっきりとした原因や理由、体の変化が見つかりません。あなたのこころは負の連鎖が始まって、原因を見つけることだけに終始する毎日が始まります。

　このようなときに大切なのは、今、あなたのこころが向き合っている不安感を、自分が正面から受け止めるだけではなく、別の自分が己を見ているような俯瞰的なイメージで自分の状況を見極めることです。

　昔から精神分析や交流分析、認知行動療法、そして日本が世界に誇る「森田療法」などは、あることにとらえられすぎている自分を別の角度から見直し、客観的になることで不安を払しょくする心理療法(精神療法)です。あまりにも不安が強い場合には臨床心理士や心療内科医、精神科医などに相談することも1つの方法です。

不眠

　「眠れない」ことほどつらいものはありません。介護職は日々繰り返される勤務シフトのために月に何日も当直があります。そうでなくても「明日も勤務だから仮眠を取らなければ体がもたない」と仮眠しようとしても、より目が冴えてしまうといった経験もあるでしょう。

　不眠の多くは「神経性不眠」と言われます。これは寝ようとすると、「寝なければならない」と神経症的になり、寝付くことができない不眠を指しています。私の外来でも多くの人は「眠れない」と言いながら寝ている人が多いのですが、それらの多くは神経性不眠によるものです。

　注意しなければならない不眠は2つあります。1つは「中途覚醒」あるいは「途中覚醒」と呼ばれる不眠で、寝付きは悪くないのに、午前2時や3時になると突然目が覚めてしまい、その後は再び眠ることができなくなります。これが「早朝覚醒」という目覚め方で、うつ状態やうつ病になるとこのような不眠が出てしまいます。

　もう1つは精神疾患のための不眠状態です。これは何日も寝ることができないような不眠の形で、「疲れているのかな」と思っていても、非常識なほど何日も眠れない場合には気をつけなければなりません。いくら休息を取ろうとしても眠れない場合には、精神面で興奮している場合や、幻覚などのために安静にすることができない場合があります。感情障害のなかで先ほど記したうつ状態やうつ病

が早朝の中途覚醒であるのに対して、躁状態(そうじょうたい)になると眠ること自体ができなくなってきます。

　自分自身のこと、そして仲間も含めた介護職の心身管理のためには、食欲や性的関心なども含めた「欲」の減退や睡眠のことに気を配ることが大切です。

こだわり
[強迫]

　あることにこだわるのは何も悪いことではありません。むしろきっちりとした仕事を任せられる人は、何でもしっかりと確認して間違いが少ないものです。しかし、あまりにもきっちりとした性格の人がこだわりをもちすぎると、日々の生活ができないほどにこだわってしまうことがあります。

　自分でも「やりすぎだ」と思っていてもやめられないこと、こころにある行為に対するこだわりが浮かんで消えなくなるために、日々の業務や生活自体ができなくなることを「強迫」といい、そのために生活上に支障をきたすものを強迫性障害といいます。

　最も端的にこれを表すのは「洗浄強迫」「確認強迫」といった症状でしょう。「手を洗ったにもかかわらず、何か細菌が付いているかのように思えて、自分でも不思議なほどだ」と本人も言ってきます。自分で気づいているのにやめられないという点がポイントです。

　もっと身近なのが「確認強迫」でしょう。ホームヘルパーとして利用者宅に出入りしたとき、鍵のことを考えるあまりに何十回も鍵がかかっているかを確認しなければならなくなった結果、「私はホームヘルパーに向いていません」と辞職してしまった人もいます。

　こちらも自分では自分がこだわっている行為は尋常ではないことに気づいているにもかかわらず、その行為にとらわれて離れられないといった点が特徴です。

　ここで注意しなければならないのは、強迫の背景に「怒り」が満

　ちている場合です。こだわりの行為を導き出す背景に「怒り」の感情がある場合、しかもそれをうまく処理できていない場合です。人はだれも「怒り」を抑え込むと結果として「抑うつ」になってしまいます。この反応は何も特別なものではありません。

　みなさんが介護職として、もし強迫と向き合う場合には、早めにメンタル面の医療機関を受診されるとずいぶん楽になる処方が見つかるものです。

やる気のなさ
[無気力]

　これまでに一生懸命やってきた仕事に対して、「最近、どうしてこんなにやる気が出ないのだろう」と不思議に思うことはありませんか。人のこころは常にスイッチを入れた状態では長続きしないことはだれもがわかっています。過労死の問題など、過剰なストレスと反応は仕事に緩急がついてこそコントロールできるもので、常に緊張を要求できる時間には限りがあります。

　私の個人的な経験と、介護職のストレスケアに協力してきた経験からすると、短期的には過剰なストレスに耐えられる期間は1か月半だと思います。1か月半の期間、ある過剰ストレスにさらされれば、その後には休息をして「息つぎ」をしなければなりません。介護の仕事をしているとなかなか自由になる時間がなく、気づいたときには半年以上にわたって緊張を持続しなければならないことも多いはずです。例えば大声をあげて昼夜逆転をする利用者と向き合わなければならないようなときもあるでしょう。最近では増えてきた施設・在宅での「看取りのケア」を行うときなど、こちらの都合に合わせて利用者が安定してくれるはずがありません。そのような緊張が続いた結果、あるとき、ふとあなたは自分のやる気がいつの間にかなくなっていることに気づくかもしれません。

　ここで大切なのが「やる気のなさ：アパシー」と「うつ」との違いです。うつ状態やうつ病になった人は、どうしても自分を責めてしまいます。「自分のせいで利用者に迷惑をかけている」と感じ始

めた場合にはうつの可能性が高くなります。

一方、無気力になると自分でも不思議なほど、前向きの気持ちが薄れて「どうでもいいや」と感じるようになります。これまでの自分の気力が突然失われたように感じて、自分の気持ちの変化が不思議でたまらないと訴えることもあります。

うつの場合にも大切ですが、無気力でも大切なのは、こころのエネルギーが満ちてくるまで休息しなければならないことです。勘違いをして「気晴らしに旅行にでも行って、気持ちをパッと切り替えたい」と思う人は多いかと思いますが、休みを取って強行軍の海外旅行をすることなどは、むしろ休息にならない場合も多く、休息の意味を考え直してみる必要があります。

図表3●無気力とうつ状態の違い

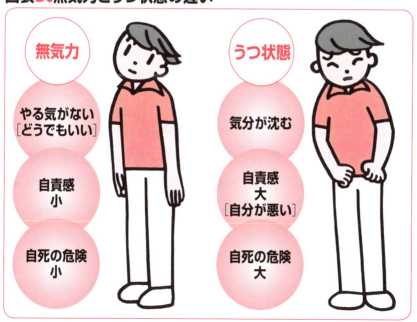

燃え尽き［バーンアウト］

　それはあるとき突然にやってきます。悲しくないのになぜか涙が止まらなくなった人、ある日を境に介護の職場に行けなくなった人、ある朝ベッドから起き上がれなくなった人、それぞれ形の違いはあれど、バーンアウトしてしまう人の症状は語りつくせません。

　そこで大切なのは「一度燃え尽きてしまうと、二度と立ち上がれない」とは思わないことです。バーンアウトはその人の「弱さ」ではありません。他に方法がなくなったその人の悲鳴です。そこで「自分が弱いからだ」とさらに自分を追いつめるような解釈をしないことが大切です。

　いま1つ大切なことがあります。それはバーンアウトを通して自分が同じ轍を踏み、繰り返さないようにするために「気づき」をもつことです。だれもが自分の陥りやすい傾向をもっています。そのことを学ぶことで人は再び同じことを繰り返さないようになります。一度、二度繰り返しても私たちのこころは回復していくことができます。頑張らない自分を学びとることが、人生をやり直す機会を与えてくれます。

虐待行為

　虐待的な行為と聞くとだれもが思い浮かべるのは「認知症の人に対する悪意」から起きる行為でしょう。私が保健所の嘱託医時代に関係した事案でも、「いじめ」のような心理から介護家族や施設職員が虐待行為に及んだことがありました。

　しかし私が長年にわたって支援し続けているのは、熱心に介護する介護家族や生真面目な人々が、元はその人に悪意どころか善意をもって熱心に介護してきたにもかかわらず、認知症の症状から介護に追いつめられて、気がつくと「虐待だ」と非難されても仕方がないような行為に及ぶことがないように、二次的な「こころの傷」から救うことでした。

　熱心な介護職が夜間の1人当直の際に、混乱した複数の認知症のある利用者に対応できず、両手で2人を制して、3人目にはどうしようもなく足で制しようとしたところ、バランスを崩してその人を蹴ってしまい、頭がい骨骨折になってしまった悲しい事故もありました。そのような場合、結果としては非難される行為でも、元は善意ある介護職がやってしまったのですから、その介護職は深く傷つきます。介護家族に勝るとも劣らないほどの「こころの傷」に耐えられず、職を辞した人や自らの命を断とうとした人さえいました。このような「善意の加害者」のこころを再び他者の支援に向き合えるようにするためには、ある程度の時間が必要です。

　「やってしまったことは仕方がない。早く忘れて次の仕事を頑張

りなさい」これだけは口にしてはいけない言葉です。プロとしての自覚と決意があったにもかかわらず、そのような行為に及んでしまった介護職の傷の深さに思いを抱くなら、私たちには時間をかけてその人のこころが癒え、自分を責めることでしか認知症の人と家族に謝ることができない、そのつらい時間をともに歩んでいく覚悟が求められます。

　「人のための仕事に就いたのに、その自分が人を傷つけてしまった」と悩むその人に寄り添うこと、そして答えはなくともその人が自分を許せるようになるまで、時間をともに過ごすことが大切です。

認知症ケアから生じる過剰ストレスへの対応とはたらきかけ

過剰ストレスを受ける人に特徴的な行動パターン

　過剰なストレスを受ける人にはある種、特徴的な行動パターンが見られます。自分では気づくことがないのでやっかいですが、そのことを自覚するとストレスの受け方が軽減できます。何度、同じ失敗を繰り返してもあきらめずに何度も「次は失敗しないように気をつけよう」と根気よく付き合うことが大切です。私自身がそのような行動パターンを繰り返すタイプですから、ここでは私をケースとして取り上げてみましょう。

交感神経がいつも過剰緊張しているタイプ

　元来、真面目なタイプの人は小さいころから自律神経のバランスが悪く、ともすると交感神経がいつも過剰緊張しています。しかも「何か人の役に立ちたい」と思って仕事を選ぶ傾向があります。「これは大変なケースだ」と思うと、一生懸命、力になりたいと思うのですが、それが度を超すと倒れてしまいます。支援者が倒れるのはもってのほかですが、そのことに後になって気づくまで、自分では過剰ストレスなどかかっていないと勘違いしながら倒れるまで頑張ってしまうことがよくあります。私にもこういう傾向があり、開業医となって10年ほどはこのパターンを繰り返していました。さすがに何度もやりすぎては倒れることを繰り返して診療所の職員が「いい加減にしてください。何度も同じことを繰り返されると困ります」と口にして初めて、私は「しまった」と再認識するありさまで

した。

　みなさんも認知症を支える人になって、日々の「頑張り具合」はどうですか。認知症の人や家族を日々、地域のなかで支えていると毎日が予測不可能な事態の連続になりますね。おそらく読者の多くが私の行動パターンに共感をもってくれたかもしれません。「つい、一生懸命にやってしまって、後になって気がついた」と思う人もいるでしょう。過剰なストレスがかかりやすい人の行動パターンはそこにあります。「自分が最後の砦だ」と思い、地域を支えている介護職も多いことを私は日々の臨床で知っています。

自分が陥りやすい行動パターンを知る

　今、私は妻の介護者でもありますが、その私を支えてくれるホームヘルパーは、もう2年以上、妻が夕食に対して不安が出ないようにサポートしてくれます。

　介護は日々連続して尽きることのない生活を支えています。介護職の都合ではなく、ケアを受ける側に合わせてその人や家族を支え続けます。それゆえ過剰なストレスがかかっていても、その行動パターンをやめることなく支援し続ける介護職によって日々の生活が保たれています。それをわかったうえで書きますが、支援者として、繰り返されるパターンから倒れてしまわないように、みなさんは自分が陥りやすい行動パターンを知ってください。

　自分で気づくのは至難の業です。それにたやすく気づくことができるのなら、これまでにも苦労はなかったかもしれません。そんな時には仲間に頼みましょう。自分では気づくことなく繰り返す、その行動パターンに気づいたときには職場の仲間、友人に教えてもら

いましょう。それは決して恥ずかしいことではありません。みんなお互い様なのです。

　自分のことは人に教えてもらい、他人のことに気づけばあなたが教えてあげることで、自分のパターンを訂正することができます。そのことを知ったうえで、自分でできるストレスケアと組織で行うべきストレスケア、さらには地域や社会全体へのはたらきかけをすることが大切なのです。

個人的にできるストレスケア

自己イメージをもつ

　人の支援をする介護職でいる以上、過剰なストレスにさらされるのは当然かもしれません。そのようなときに、自分で自分のことを知り、どのような考え方をするのか、どのように行動してしまうのか、そしてどのような反応を示すのかを知っておくことはとても大切です。

　私自身に当てはめてみましょう。私は人前で「いい格好をしたがる」タイプです。飛行機で不具合の人がいれば手をあげるタイプで、自分から人のために何かをしている自分には価値があると思い込みたがって人生を送ってきました。

　ところが、本当の医者としての力量はありません。何とか役に立ちたいと思っても、いざとなると困ってしまいます。しかもそれだけではありません。体が反応してしまうのです。いざ、人を助けよ

うと飛行機の中で手をあげて何とかしようとするのですが、困ってしまい、あげくには腹痛を起こしてその人の横で医者の私も倒れている、こんなイメージの人生なのです。

　何も自虐的になって書いているのではありません。この自己イメージをもつこと、しかも正確に自分を欺かず、正直に強くも弱くもある自分を知ることこそ、介護や医療にかかわるものにとって大切な自己コントロールの源です。

大切なことは自分を許すこと

　さらに大切なのは「こんな自分」を知ったうえで、それでも自分を許せるか、それともそのような自分は「許せないか」なのです。言い換えれば不完全な自分であっても、その不完全さまで含めて「よし」と思えるか、それともそのような自分が「あってはならない」と考えるかの違いです。

　自らに対して甘えの気持ちから「よし」とするのではなく、自分を見つめたときに、そういった弱さがあってなお、自分を許しながら他人のために人生を使うことができるかが、ストレスコントロールには大切です。私が知る限り完璧な介護職はいませんが、私がこころから尊敬できる介護職はみな、自分の限界を知り、自らを律しながらも自分を許せる人です。

組織として行う ストレスケア

　自分を知り、現場で各個人が介護職としてストレスをコントロールすること、自分は介護職としてどのような傾向があるのか、どういった行動や考えに陥りやすいのかを常に考えていくことは、日々の過剰なストレスをコントロールするためのファーストステップです。

　しかし個人でのコントロールと並んで決して欠かしてはならないのが組織で過剰ストレスをコントロールすることです。2000(平成12)年4月に始まった介護保険制度はそれまでの世の中では当たり前だった家族による介護を社会全体で支えようとする試みでした。「家」の古典的な概念のもとに「介護は家族が行うのは当たり前」と思われていた社会で、長年にわたり家族介護者、特に女性による献身的な介護を求めてきたものを、保険という制度によって救済する目的もありました。

人員配置を交代させることの意義

　それと同じことが介護支援の世界でもいえます。いくら介護のプロであったとしても、1人だけで現場の過剰ストレスをコントロールするのは難しいことを表しています。例えば過剰なストレスにさらされる状況下にあっても、組織全体として人員配置をある期間ごとに交代させることができ、しかも交代することは何もその個人の責任ではないことをみんなが認識できるシステムをつくり上げられ

れば、強いストレス下でも介護職の個人的な能力だけではなくストレス軽減ができます。このことは組織の長にぜひとも理解してもらいたい点であり、職員の早期転職、退職を防ぎ、組織のサービス提供レベルを安定させる大きな力となります。

2015(平成27)年の春には介護報酬がマイナス改定となりました。そのときに多くの介護職が離職して人手が足りなくなったこと、介護事業そのものから撤退した結果、その施設自体が別経営になった例もありました。そのようなときに最も影響を受けるのは利用者です。サービスの維持に努め、評価を維持するためにも組織全体として介護職にかかる過剰ストレスのコントロールに努めなければなりません。

地域・社会へのはたらきかけ[認知症を正しく理解してもらうための介護職の役割]

ただでさえ現場の仕事が忙しいのに、地域や社会に向かって情報発信をすることが過剰ストレスのコントロールに役立つのか、疑問に思った人も多いかもしれません。

地域に対して門を開き、顔なじみの関係をつくる

地域・社会へのはたらきかけには大きく分けて2つの方法があります。1つは自分の職場を少しでも社会に知っていただき、地域に

対して門を開くことです。介護老人保健施設や特別養護老人ホーム、グループホームなどで「○○祭」と銘打ってお花見会を行い、利用者や家族だけでなく地域の人を呼ぶことでお互いの顔が見えるようにして、より連携を深めていこうとするもの、もう1つは介護職が地域の求めに応じてキャラバンメイトや認知症ケア専門士として地域の求めに応じて講師を務めるなど、地域貢献の役に立つことです。

　お花見会や地域を巻き込んだ活動で周囲の人と顔なじみになることができれば、何か問題が起きたときに「普段から、ここはこんなにも熱心な介護をしてくれるところだ」といった援護の発言が出てきます。例えば転倒事故などが起きても、そのことを隠すのではなく、むしろはっきりと反省や再発防止の取り組みをしている姿を見せることによって、より介護職のみなさんへの支持が広がります。逆に最もいけないのが「隠す」という態度です。これは地域・社会に対して敵対するような印象につながり、結果として周囲の人や社会を疑心暗鬼にしてしまうからです。

啓発活動を通じて、地域貢献に努める

　講演などの講師を務めることは、介護職にとって緊張することかもしれませんが、人の前で講演することで今一度介護職として自分の知識ややり方が正しいかどうかを再確認する場にもなります。それを通じて自分を利用者・家族だけでなく、地域や社会にも知ってもらうことでみなさんのプロとしての姿勢や方向性を示すことができます。

　「あそこはこういう介護をしている」と定評になれば、過剰なストレスにさらされる毎日のコントロールに大きく役立ちます。

私自身、現場での臨床を第1の臨床、大学院の講義や各地での講演を第2の臨床、そして本の執筆を第3の臨床として、自分のなかの過剰ストレスをコントロールしています。目の前の臨床でできることには限りがありますが、講演や本を通してたくさんの人に役立てたいと思うからです。

今、不可抗力と思われていることについて

　先に組織として行うストレスケアの大切さについて記しました。しかし昨今の介護職を巡る状況を見ていると、不可抗力の部分が多いことにも気づきます。介護の世界がかつてのように福祉（措置）だけの世界ではなく、介護保険による契約の世界になったときから、自由に会社組織での事業参加ができるようになったことは、みなさんもよくご存じだと思います。

　この世界は一方では「利益性」も大切にする企業や事業体の参加も促すことになりました。前記のように個人がストレスと向き合う自分を見つめ、組織としても施設長がみんなのストレスをコントロールし、地域や社会が過剰なストレスにさらされる介護職の立場に理解を示したとしても、大きな根本にある企業体の経営者が現場の苦労を知って過剰ストレスが増えないように努力しない限り何も体制が変わらないままで日々を過ごすことになってしまいます。その結果、待っているのは現場の職員の疲弊、離職そして次の章でとりあげる「バーンアウト」です。

　2016（平成28）年の冬から春にかけて私はとても驚かされることに

出合いました。それは介護職の人材難のことでした。外来の診察をするだけではなく、これまで来院していた人が入所した後も、一部の人にはその家族から依頼があって往診をしていることがあります。その際にとても努力している特別養護老人ホームは人手不足のために人員が足らず、ぎりぎりのところで介護事業を継続していることを耳にしました。私も知る限りで勤務する職員を探しましたが、条件面で意見が合うことがなく、そのホームは今でも人材難のままです。

　ところがある企業が運営しているサービス付き高齢者向け住宅では親会社の給与規定と勤務シフトで職員の求人をしたところ、あふれかえるほどの希望者があるというのです。介護職にも生活があり、家族を養うことは当たり前です。条件がよいところには希望者が集まるのは当たり前のことです。でも、一方ではそのような優良な施設ではなく、企業の利益だけが増えていくのに、勤務者はありえないような低い給与で勤務するところもあり、このようなところにいる職員にとって努力やストレスケアがある種の「不可抗力」となっているところもあります。

　この事実は決して看過できるものではありません。介護という仕事、他者の支援という仕事の大切さについて、声を出してみんなが発言し、状況の改善を求めることが大切です。そうすれば「不可抗力」と書かざるを得ないような要因がやがて変わってくることも可能でしょう。

第5章

バーンアウト
［燃え尽き］
してしまったら

バーンアウトしやすいタイプの介護職とは

「一生懸命頑張ってみるけれど、いつも強い人にはなれない」これが今までの人生で私が知ったことです。当たり前のことなのに、若い頃の自分は「鍛錬してまっとうな考えができるような歳になれば、こんなに弱い自分も強くなれる」と思っていました。

人の本質は変わらないと思ったのは、妻が病気になり、私が妻の介護者となって日々、惨憺たる弱さを見せている自分を感じたこの1年ほどのことです。誤解のないように書きますが、私は人生をあきらめたのではありません。人は自分を高めていくために日々、努力をすることに大きな意味があります。しかし、こうして認知症ケアで燃え尽きそうになっている介護職に向けて本音を書こうとする本書では、あえて「よそいきの言葉」ではなく、弱い自分をさらけ出しながら、そんなにも弱い私たちが、それでも支援職、介護職を続けていくための方法を模索しようとしています。

バーンアウトしやすい人の発言

まず、自分と他人との関係を考えたとき、あなたはこのような発言をしてしまっている自分に気づくことはありませんか。

- 「私は介護職としてつらい思いをしたことがない」との発言
- 「私はプロとして○○の支援に人生を捧げる」との発言
- 「私はだれの手も借りずに1人でやり遂げる」との発言

私の臨床経験で見つけたこの3つの発言は、元は介護家族の過剰ストレスを見出すのに役立ちました。介護をつらくないと過剰に適応してしまう介護家族が、こころに代わって体が反応する場合、人生をだれかの介護に捧げると誓った介護家族に限って燃え尽きやすいこと、そしてだれの手も借りずに1人で介護しようとした勇気ある介護者が、周囲から孤立してしまいやすいこと、これらの課題を理解しながら介護家族が無理なく介護することで、私は家族の破たんを防ぎたかったからです。

　それがある時から介護職にも当てはまることに気づきました。プロの介護職がまったく同じ発言をしていたからです。そして介護家族と同様に、その介護職もバーンアウトしやすい傾向がありました。これまでに何冊かの本でも必ずこの発言にふれてきました。介護家族と介護職をともにバーンアウトから救うことこそ、認知症の人の将来に明かりを灯すことだと確信しているからです。今一度、あなたが現場でこのような発言をしていないか、胸に手を当てて考えてみてください。

「危険な発言」と意識することが大切

　さて、問題はここからです。熱心な介護職なら先の発言はだれでもこころに秘めて日々の仕事に臨んでいるはずです。でも、それを無意識にし続けてしまうのか、それとも「危険な発言をした」と気づきながらやっているのか、その違いは歴然としています。

　私の手元にある当院のカルテを見ると、2008（平成20）年から2012（平成24）年にかけて介護職のバーンアウトを支援していたときの様子

がわかります。仕事からくる「うつ状態、燃え尽き」と診断された介護職が3つの発言に気づきながら日々の仕事を行っている場合に燃え尽きた人は215人中の17人であったのに対して、気づかずに日々の仕事を行っているうちに燃え尽きた人は107人中の65人でした。

驚くほどの差があります。危険が待っていることを知りながら火の中をくぐっていくことと、危険がわからずに火事の森を抜けようとしているほどの差があることに気づかれたかと思います。あなたが人のために自分を二の次にして介護の仕事をしていたとしても、その気持ちがもつ危険性に気づいていれば、バーンアウトしなくて済む可能性が高まります。

不完全な自分を認め、許す

では、燃え尽きたあなたは「いけない介護職」でしょうか。とんでもありません。燃え尽きたからといって「能力がなかった」のでも「弱かった」のでもありません。前向きで熱心、しかもどこか融通の利かないあなたが「頑張り屋」でありすぎたために、燃え尽きが起きてしまったのかもしれません。

自分を鼓舞しすぎず、そして時々振り返りながら「自分の方向性はこれでよいか」を見出しながら、長い介護職としての人生を見極めていきましょう。だれもが自信をもって人生を生きているのではありません。だれもが自信をもって介護職の日々を過ごしているのではありません。迷いながら泣きながら「それでもだれかの生活を支えたい」と願っています。そのようなあなたの存在こそ大切です。完璧な介護職などどこにもいません。不完全なあなた自身を認め、そんな自分でも許すことができてこそ、明日の仕事につながる希望

が見えてきます。

バーンアウトしたときは うつへの警戒が必要

　私はこれまでに4回、医者をやめようかと考えたことがあります。私が専門にしていた「認知症のある人への虐待」や「高齢者虐待」の取り組みのなかで、かなりつらい経験があったからです。

　特に私が専門としたのは、本来はケアをしている認知症の人に対して、愛情もあり、共感ももちながらケアをしてきた介護者が、日々、認知症の症状、特に被害感や疑いの気持ちにさらされていくうち、いつの間にか追いつめられ、結果として思ってもみなかった行為に及んでしまうといった「虐待」だったからです。

　若年性認知症の夫を介護する妻が、あるとき私に電話をしてきました。それも真夜中に、泣きながらの連絡です。電話をとった瞬間に、その場の緊迫した雰囲気が伝わってきました。彼女は今、大声をあげる夫の口を枕で押さえて、夫がこときれたと連絡してきたのです。こんなとき、私は自分が支援者であることをやめなければならないかと深く悩みました。

　みなさんもときには離職を考えるときがあるでしょう。「自分がこのような立場で人を支援していてよいのだろうか」と思い悩むかもしれません。しかし考えてみてください。あなたが介護の第一線から退いてしまった結果、大切な人的資源が乏しくなることで認知症の人や家族が路頭に迷うより、たとえ不完全でもあなたが支援側に立つことのほうが彼らへの力になる場合もあります。

うつ状態では大きな決断はしない

　特に注意してほしいのが、自死を考えてしまうときです。「私などが介護職としてやってきたから、みんなに迷惑をかけてしまった」などと考えた人はいませんか。そんなとき、あなたのこころは限りなく「うつ」に近づいています。先に**図表3**[49ページ]で記しましたが、自分を責めて何でも「自分のせいだ」と考える心理状態を自責感と呼びますが、これこそ「うつ」の状態を最も示すキーワードです。

　「自分さえいなくなればよい」と考えたとき、あなたの決断は「うつ状態での決断」と考えることができますが、このような気分で大きなことを決定した場合には、後にうつ状態が改善すると「なぜ、私はあのときにあんな決断をしたのだろうか」と不思議に思えるほど「間違った方向」に決断してしまいます。

　うつ状態では決して大切な決断をしないことが大切です。仕事を辞めること、そして自分の人生を終えてしまうこと、これらの大切な決断はうつ状態が改善するまで、1人で考えてはいけません。

　私自身は人生を自分で終えようと考えたことはありません。しかし前記のように「医者をやめなければならないかもしれない」と考えたことはあります。申し訳ない気持ちが自分をそのような考えに導いてしまったのでしょう。

復職を考えるタイミング

　今は現場から離れているけれど復職を考えている人も、うつに対する警戒が必要です。うつ状態にあるとき、多くの人はうつが最も悪いときには注意しますが、実はうつ状態やうつ病が改善してくるときこそ最も注意が必要です。これは復職を考えるタイミングにもつながります。何が重要かというと、うつ状態の回復期に、ちょっとした失敗をしたときの何気ない喪失体験から、うつが再燃することや自死を選んでしまうことがあるからです。少しよくなったからといってあわてて復職するのはいけません。十分な休息とこころのエネルギーが満ちてこそ、復職の時が来たと考えなければなりません。

バーンアウトしそうになる
あなたを支えるもの

認知症の人からの言葉

　「これ以上頑張れない」と嘆くあなたが、それでも介護職を続けていくための原動力になるのは何でしょうか。私は自分を支援職として引き止めてくれた最も大きな力は、利用者からの「ひとこと」だったと思います。今でも忘れませんが数年前にある認知症の人が私に言いました。

　「先生、あんたに診てもらって3年目になるなあ。その間によくなるどころか俺、どんどん悪くなっていくわ。先生は俺のことは治せないけど、でも一緒に考えてくれるから、俺はこれからも先生のところに来ると思うわ」

　運動性言語中枢に萎縮がおよび、表現のしにくさのなかで一生懸命、彼が伝えてくれた言葉は、自分には力がないから支援者にはふさわしくないと考えていた自分を引き止めてくれた大きな力です。

仲間の支え

　仲間の支えも忘れてはいけません。「仕事上の仲間は仕事のときだけ」と割り切っている人もいると思いますが、それでも自分のメンタルな面や家族に起きる困難をもったときにこそ、その仕事上の仲間があなたにどのような印象をもっていたかが、はっきりとわかります。人生は成功しているときではなく、むしろ苦境に立ったと

きこそ本当の友人がわかるものです。

　仕事への責任感のみでその仕事に踏みとどまろうとする人が多いかと思いますが、人はだれもそれほど強くはありません。「だれかが自分を支持してくれている」と感じてこそ、つらさのなかでも自分を許せるのだと思います。

お互い褒め合う［エンパワメント］

　私がこれまでにバーンアウトから介護職を守るために行ってきたのは、エンパワメントの会を試すことでした。エンパワーとはその人の悪い点をあげて反省するのではなく、よりその人の力を後押しすることです。過剰なストレスに向かって疲れ切った介護職でも、何人かが集まると反省会をしがちですが、エンパワメントの会では一切、他の人の「直すべき点」は指摘しません。お互いが「あなたのここがよい点で、同じ介護職として私は評価している」と思う点をあげていきます。当初は少々恥ずかしいかもしれませんが、慣れるにしたがって自分が評価されていることを再確認し、自分が人のよいところを評価できるところから「ものの見方」が変わってきます。もちろん、うつ状態の極期にいるときには、しっかりと休むことを忘れないようにしてください。

あなたがいるだけで
この世界は意味をもつ

　見出しの言葉はビルケナウ、アウシュビッツといった第2次世界大戦下の強制収容所を生き延びたユダヤ人精神科医のヴィクトール・フランクル（Viktor E. Frankl）が残した言葉です。

　いつ殺されるかわからない過酷な状況のなかでも、夕焼けを見て「どうしてこんなにも世界は美しいのだろう」と感動することができたフランクルは、強靭（きょうじん）な生命力を保つことができました。彼は自分以外にも、大変な状況下でもだれかのために自分のパンを差し出すことができた人や、ちょっとしたユーモアを保ち続けることができた人こそ、いつ終わるとも知れない恐怖に立ち向かうことができたという事実を語っています。フランクルのように強い人はそう簡単にはいないでしょう。もしかすると本当は絶望のなかにあって、それでも歯を食いしばって自分を演じていたのかも知れません。それでもよいのだと思います。

　私はいつも、「〜にもかかわらず何かをする」というフランクルの言葉に励まされています。彼の名著、『それでも人生にイエスと言う』[V.E. フランクル著、山田邦男・松田美佳訳、春秋社、1993年] は、それほど大変なことがあってなお、それでも人生に対して、敢（あ）えてイエスと肯定することが人間にはできるということを崇高（すうこう）に語っています。

　介護職のみなさんも「自分のような者が人の支援などしてよいのだろうか」と迷うことがあるでしょう。「自分が介護職を続けるなんて申し訳ない」とさえ考える人もいるかもしれません。

　でも、あなたがたとえ不完全で、十分なことができなかったとしても、あなたが介護職としてだれかを支え、認知症の人と家族のこころの支えになる存在でいてくれれば、それはだれもそのような人がいない状態に比べると大きな違いになります。「いないよりはましか」と考えてもよいと私は思っています。

　なぜなら傷つきながらもあなたのような介護職は、「それでも人生にイエスと言いたい」と考える人だからです。あせらずゆっくりとバーンアウトしないようにしながら、長く人の支えになってください。あなたがいるだけで、あなたの存在があるだけで、この世界には大きな意味があることをフランクルの言葉が教えてくれるからです。

Q&Aで考える
過剰ストレスと対応

本章に登場する人物はすべて仮名です。

認知症の人へのケアにおける過剰ストレス

介護職が利用者に対して抱くストレスについて考えましょう。

Q1 1人で夜勤するとき、胸の動悸が消えません。

　町田良子さんはホームヘルパーになった後に介護福祉士の資格も取ってあるグループホームで働いています。25歳になった今、勤務は4年目ですが、次々と仲間が転職や退職を繰り返すため、この春からフロアリーダーになりました。「まだ経験が浅いのにリーダーになって大丈夫かな……」と不安が襲ってくるのが1人夜勤をする夜です。グループホームは2ユニットで18名定員、現在は2人の入院があり16名が生活しています。

　今年5月に入居した山本さんは夜9時を過ぎると大声を出します。すると、次々に他の入居者にも混乱が広がり、その対応のため、町田さんは夜勤が苦痛になっていました。

　7月のある夜、ついに大声をあげる山本さんに別の入居者が怒りをぶつけました。「1人でいるわけじゃないのに毎晩うるさい!」。その時です、町田さんの胸の動悸が激しくなり「もう、死ぬのではないか」というほどの恐怖が襲ってきました。宿直の日になると胸の動悸が激しくなります。

> **A1** この状態はパニック発作でしょう。自分にかかっている負担を普段から感じるように心がけることが大切です。

　パニック発作とは、厳密には1か月の間に4回以上、胸がドキドキして死ぬほどの恐怖が襲ってくるにもかかわらず、心臓自体には何の変化もないといわれるものです。この状態が続くと、たとえ発作自体はなくても「また、あのような発作が襲ってきたらどうしよう」という不安がこころをよぎり、安心していられなくなります。発作自体はないのに、来るかもしれない発作におびえる状態を予期不安といいます。自分のことを「ダメな介護職だ」と感じることや「自分が弱いからこんなことになる」と自らを責めがちですが、むしろ逆です。実直で熱心すぎるほど真面目な介護職には、自分では気づかないほどの過剰なストレスが襲いかかります。次のことを心がけてください。

- 自分にかかっている負担を普段から自覚すること
- 自分の症状から自己評価を下げないこと
- 認知行動療法などで治る可能性があること
- 少量の服薬で症状が軽くなるので受診すること

Q2 1日中激怒する人に困っています。

　ホームヘルパーの山田育子さんは最近担当することになった玉田恒夫さんの家に行くのがつらくてたまりません。妻と二人暮らしの玉田さんは、認知症になる前に何度も脳梗塞を繰り返しました。前の担当者から「いつもどなり声をあげている人なので注意してね」と言われていました。

　訪問を始めて二度目に、玉田さんの大声の理由がわかりました。強度の難聴だったのです。山田さんは本人の気持ちに沿ってケアしようと心がけました。しかし、かかわっている時間のほとんどで大声をあげ、何かしようとすると怒りに満ちた表情をしてつかみかかってくる玉田さんの行動に、次第に訪問することがつらくなってきて、自分が行くことがむしろ彼を刺激して、混乱を導き出しているのではないかと感じるようになりました。

　担当し始めて3か月ほどたった頃に胃の痛みが出始めました。「いやな症状だなあ、ストレスかしら」と思っていると、次にめまいが始まりました。責任感の強い山田さんは訪問を続けましたが、ある朝、自宅から外出できなくなりました。

A2 認知症の行動・心理症状[BPSD]が ひどいときは医師に相談しましょう。

　介護の世界ではパーソンセンタードケアが大切です。ケアを受けている人(パーソン)が中心にくる(センター)ケアとは、介護する側の都合や人手に合わせて介護するのではなく、あくまでもケアを受けている人を中心において支援することを指します。

　しかし玉田さんの場合、はたして彼の「激怒」は山田さんがパーソンセンタードケアをしていないことへの「怒り」なのでしょうか。脳血管の病気の場合、脳梗塞や脳出血、くも膜下出血などが代表的ですが、その一部に微小脳梗塞(ラクナ梗塞)[90ページ]を繰り返して起こる血管性認知症、多発梗塞性認知症も含まれます。そのような疾患では脳血管の変化があった分だけイライラや怒りが表面化しやすい特徴が出ます。玉田さんの感情が動いたときには、どのような場合でも怒りに見える情動を見せることがあります。

　山田さんは、玉田さんの症状をかかりつけ医に相談し、医師は少量の安定剤を処方しました。また、難聴に対しては耳鼻科を受診し検査した結果、耳が聞こえないのではなく、言葉を理解していないことがわかりました。それを受けて、再び薬を調整し、玉田さんの症状は落ち着きました。このように、認知症の行動・心理症状(BPSD)がひどいときには介護の情報を医療にフィードバックし、連携して対応することが大切です。

Q3 昼夜逆転してしまった利用者への対応に苦慮しています。

　ホームヘルパーをしている山崎正さんは夜間に利用者の所に訪問しています。午前中の訪問は女性が担当し、夜間は山崎さんが訪問することで、血管性認知症の男性、松本正孝さんの在宅ケアを支えてきました。

　ところが今年の春は急激に暖かくなったかと思ったら温度が低下したからでしょうか、4月の中旬から松本さんの昼夜が逆転してしまいました。夕刻になるといつもうとうとして、午後10時頃から眠気がなくなってしまいます。山崎さんと女性のホームヘルパーはデイサービスと協力してリズムを調整しようとしましたが、思うようにいきません。ついにサービス担当者会議でかかりつけ医の先生に睡眠導入剤を処方してもらってはどうかということになりました。ところが軽い睡眠導入剤を飲んだだけで松本さんは転倒するようになりました。

　山崎さんたちは介護職として残念でたまりません。せっかく体制をつくることで松本さんを支えようとしたのに……。落ち込んでしまいました。

A3 一例一例を大切にしながら、失敗や後悔を次の機会に活かしましょう。

　これは介護職にとって多大なストレスになったことでしょう。「できるなら薬の力ではなくケアで昼夜リズムを回復させてあげたい」と思ったにもかかわらず改善できず、よかれと思った処方薬が転倒を引き起こしてしまったからです。

　このようなとき、介護職が向き合わなければならないのは「自責感」です。例えば予期せぬことが事故につながった場合の後悔よりも、「何かその人によいことをしてあげたい」と思ったにもかかわらず結果的には悪い結果になったときのほうが後悔は何倍にも膨らみます。こんなとき、彼らに求められることは何なのでしょうか。それはこの経験を次に活かすことです。善意の人が失望してしまうと次からは積極的に支援することをためらう傾向が出ます。「自分の自己満足のために人をかえって傷つけたのではないか」と思うからです。人の支援をする仕事は一例一例を大切にしながら、そこで経験した失敗や後悔を次の機会に活かせるかどうかが大事です。

　フランクルの著書に『それでも人生にイエスと言う』[72ページ]があります。苦難のなかで、それでも「イエス」と言える自分を見れば、あなたにはまだまだやることがあります。

他の利用者に手をあげる人がいて困っています。

　認知症デイサービスで12人の日々の生活を支えている介護福祉士の足立裕子さんは、最近利用者になった高垣さんというアルツハイマー型認知症の女性が突然、他の利用者に対して激怒して殴りかかることに頭を悩ませています。

　「まだ、うちになじめないのだから職員がなんとか対応してあげなければならない」と思っていたのは、彼女の行為が職員だけに限定していたからでした。ところが通所2か月目の頃から、高垣さんの行為を注意する他の利用者に殴りかかるようになってしまいました。一度その行為のパターンができると、ある期間はそれが続くことも多く、職員みんなと何度も話し合いを続けました。

　そんなある日、帰宅したある利用者の家族から連絡が入りました。「今日、うちの親が職員さんの見ていないところで高垣さんに髪の毛をつかまれたと言っています。母はまだそれぐらいのことはわかるので嘘ではないと思います」。

　困りました。介護職としてときには自分がけがをしても頑張ってきた足立さんですが、攻撃の対象が利用者になると高垣さんのためだけにデイサービスがあるのではないと思い、彼女の家族に利用を控えてもらわなければなりません。

A4 自己犠牲的な考え方を変え、「何を最も大切に支援するか」をトリアージしましょう。

　「認知症の行動・心理症状（BPSD）はその人に悪気があるわけではなく、病気の症状として出るのだから理解しなければならない」とよく言われます。しかし介護職として他の利用者に被害が及ぶ事態になれば、利用を制限させなければならなくなることもあります。両者をともに支えなければならないと考えてきた足立さんのような職員は悩みます。

　しかし足立さんの行動パターンには少し考えなければならない点があります。「職員なら我慢しなければならない」という考え方です。「私たちさえ我慢すればよい」と自己犠牲的になることは介護職として立派かもしれませんが、その頑張りがいつ破たんしてもおかしくないような努力は長く支援を提供することにはなりません。自己犠牲的な考え方を変えることで、介護職が「自分も大事」と思えるようにしましょう。

　次に「何を最も大切に支援するか」をトリアージ（優先順位を決めて取り組むこと）しましょう。だれに対しても完璧な支援はありません。攻撃性が出た高垣さんに医療との連携で少し投薬治療をすることも高垣さんの破たんを防ぎます。チーム連携で課題を軽減することも大切なストレスコントロールです。

勝手に人の物を盗ってしまう利用者がいます。

　グループホームに入居した松尾さんは前頭側頭型認知症の61歳の女性です。かつてこの型の認知症は必ず「反社会的行動や興奮」のある認知症と誤解されましたが、今では言葉の意味がわからなくなるものや脱抑制型、逆に無頓着（むとんちゃく）にはなっても興奮はないものなどに分けて考えられるようになりました。松尾さんには無頓着さが前面に出ています。気になると適切な判断ができずに行動してしまいます。そんな松尾さんをはじめとする9人のユニットをリーダーとして担当する中根徳子さんはホームヘルパーです。

　数日前から、松尾さんが他の人の部屋に入って、物を持ってきてしまうということが起こっています。ある日、北野さんという利用者の部屋に入って飾ってあった写真を持って自室に戻るということがおきました。「自分の物を盗られた」と思った北野さんはパーキンソン症状があってこだわりが強く、松尾さんの行動がどうしても許せません。その苦情を聞いているうちに中根さんは気分が悪くなって、その場にしゃがみ込んでしまいました。「どうすればこの行為をやめさせることができるのだろう……」。ここ数日、中根さんは松尾さんの「持ち去り行為」に悩み、眠れない夜が続いていました。

A5 ときには理解力のある利用者の力を借りましょう。

　前頭側頭型認知症の場合、ある行為を繰り返すことや無頓着さが出て、いつの間にか他人の物を持ち去るような行為が出てきます。本人に悪気はなくても9人の集団生活を続ける限り、最低限のルールを守りながら生活しなければなりません。しかしこのルールを守れなくなるのがこのタイプの認知症です。

　中根さんは経験を積んだホームヘルパーで特徴をよく知っていました。しかし、いざ目の前で「盗んだ、盗まれた」というトラブルが起きるとめまいを起こして倒れてしまいました。中根さんの強いこころが悲鳴を上げずに、代わりに体が訴えてきたような症状としての「立ちくらみ」でした。

　前頭側頭型認知症のこの行為は、ある期間を過ぎれば消退することが多いのですが、その行動パターンが続いている限りは無理に止められません。中根さんはそんな松尾さんのパターンをあえて他の入居者に伝えました。ある行動は3か月を一単位として見守れば消退することもあります。個人情報を守りながら理解できる人には情報を伝えれば、事態を理解してくれる利用者もいます。ストレスを利用者と分かち合うことで体の訴えを軽くすることができました。理解ある利用者の力を借りることを恥じることはありません。

Q6 放尿する利用者への対応はどうしたらいいですか。

　家族と生活するアルツハイマー型認知症の男性、北村さんを身体介護のために訪問している桂典子さんはホームヘルパーです。北村さんの妻は高齢で変形性膝関節症のため家事やケアがうまくいかず、離婚して実家に戻ってきた息子は帰宅がいつも夜9時過ぎになります。

　ある朝、桂さんが訪問すると北村さんの妻が訴えてきました。「昨日、夫が夜中に起きだして、半分眠ったような状態で床の間におしっこをしてしまいました。こんなこと初めてです」。かなりショックだったことは想像に難くありません。でも、その状況は何日も収まらず妻は北村さんの夜中の行動を見張っているうちに体調を崩してしまいました。

　その後1か月もしないうちに北村さんは時間やところもかまわず放尿するようになりました。妻も息子もお手上げです。医療機関を受診すると、その日のうちに入院が決まってしまいました。桂さんの気持ちは複雑です。北村さんは落ち着いて楽になるかもしれない。妻も夜は眠れる。しかし、他の支援方法はなかったのだろうかと思い悩んでいます。

「対応の先読み」ができれば不安感が軽くなります。

　ところかまわずに放尿しているとすれば、背景には大きく分けて2つの要素があります。1つは北村さんの意識が軽度に混濁(こんだく)してトイレなのか床の間なのかわからず、ぼんやりした状態で放尿するもの。もう1つは北村さんの場所に対する見当識が悪くなっているために、意識ははっきりしているにもかかわらず、どこで排尿すればよいかがわかっていないことです。

　北村さんの場合は、診察の結果、軽度の意識混濁だとわかりましたので、最も混乱しやすい時間帯である午後7時前後から注意して見守ることで放尿する前に誘導することができました。介護家族でも介護職でも「この先に起きる可能性」や「対応の先読み」ができれば対応能力が上がってくるものです。介護者としても「この先、この人はどうなるのだろう」と先が読めない不安感が軽くなれば、大きなストレスケアになります。

　なお、このような場合の入院は、できるだけ短期に限定して、症状の改善がみられたら再び在宅に戻るのがよい選択です。何があろうと「入院はダメ」と考えてしまうと、かえって混乱の時期が長くなったかもしれません。桂さんの悩みはホームヘルパーとして当然かもしれませんが、あえて入院という医療的判断を肯定的に受け入れることも介護職のストレスケアには役立ちます。

Q7 なんでも口に入れようとする利用者への対応に困っています。

　ひとみブラウンさんはアメリカで結婚して暮らしていましたが、51歳で前頭側頭型認知症と診断されたことをきっかけに夫とともに日本に戻り、ひとみさんの母親の家で生活しています。

　そんなひとみさんは最近になって、なにかと目に留まる物を口に運んでしまう傾向が出てきました。食べられない物でも口に運ぶため、デイサービスでひとみさんを担当する職員の曽我部真奈美さんは心配が尽きません。一度、食事の際に「季節の趣を出したい」と考えて、すべての利用者に箸置きを出したとき、ふと気づくとひとみさんがそれを手に取り、口に運ぼうとしてあわてて対処したことがありました。事故にはならなかったものの、曽我部さんは責任を感じました。

　「何とかして物を食べようとするのをやめられないかしら」といろいろ策を考えてみました。しかし他の人たちと異なり、優しく説明してもひとみさんには伝わりません。「それほど認知力が低下していない人だから、本当ならわかってくれるはずなのに。私の説明がいけないのかしら……」曽我部さんは困りはててしまいました。

A7 脳の局在を知ることや、医療の力を借りることも必要です。

　脳のはたらきには「局在」があります。局在とは脳のどの部分がどういったはたらきをするかが決まっているということです。例えば物を見るということについては、目で見た情報を後頭部で認識します。そのような局在を知れば、ある症状を見れば脳のどこに障害があるのかも推測できます。

　口に物を持っていく傾向は、側頭が変化した場合の特徴的な傾向です。「異食」と言われますが、意図的に食べられない物を食べようとしているのではなく、自然に物を口に運ぶ傾向が出ているのです。

　曽我部さんはそんなひとみさんの傾向を脳の変化から生じるものとは知らず、何とかして理解を得ようと努力してしまいます。こころと症状が競い合うとすれば、残念ながら症状のほうが勝ち残ります。ひとみさんへ愛情を注ぐ曽我部さんのこころがくじけてしまわないように、医療がかたわらからそっと情報を提供することが大切なのでしょう。適切な情報を聞いてストレスをため込まないようにすることも、大切な介護職の「役目」です。

　また、ひとみさんのように長く海外で生活していても、認知症が始まると幼かった頃の生活習慣に戻ってしまい、大人になって得た生活様式を忘れてしまうことがあります。言葉の面も同様に、かつては自由に使っていた外国語が話せなくなる人もいます。ひとみさ

図表4● 脳の局在と認知症の原因疾患

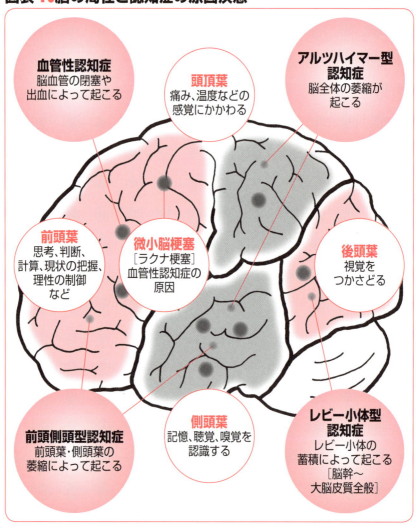

んが夫の理解を得て日本に戻り、曽我部さんのように寄り添ってくれるデイサービスで日々のリズムをつくることは、症状の改善にもつながります。

Q8 物盗られ妄想の強い利用者に、疑われてしまいました。

　訪問介護事業所でホームヘルパーをしている金山敏子さんは多くの人の自宅におもむき、彼らの生活を支えています。彼女が担当するアルツハイマー型認知症の女性、山内さんは認知症になってなお、一人暮らしができている人です。一般的には、軽度認知障害（MCI）の人なら一人暮らしができても認知症になれば無理だという常識がありますが、周囲のサポートのおかげで山内さんは認知症になってもなんとか生活を続けてきました。

　ところがある秋を境に金山さんの立場が微妙になってきました。山内さんに「物盗られ妄想」が始まり、軽い疑いが金山さんに向けられるようになりました。事業所の所長は別のホームヘルパーに担当を変えようとしてくれましたが、金山さんは自分でできるだけ続けたいと申し出ました。

　「物盗られ妄想」は家族でも支援職でも、その当事者に最も近い人に向けられます。山内さんの生活を支えた金山さんだからこそ疑いの気持ちを向けられたといって過言ではないでしょう。しかし、行くたびに疑われる彼女の体が悲鳴をあげました。山内さんのお宅に行くたびに金山さんの胃が激しく痛むようになってしまったからです。

介護は「チーム」で行うもの。担当を外れることも解決方法の1つです。

　介護職である以上、自分が担当した人と向き合う覚悟はだれもがもっているはずです。しかし、ほんの少しでも感謝してくれる人の所へ行くのと、たとえそれが病気のためでも、自分に対して疑いの気持ちを向ける人の所に訪問するのとでは、こころの負担感が大きく異なります。

　パーソンセンタードケアでは、ケアを受けている認知症の人や家族の気持ちになって、「その人の最も受けたいケアは何か」を考えてケアします。それがケアの基本です。しかし妄想に対しては時によっては、否定も肯定もしないといった対応が求められる場合があります。一方的に認知症の人が言っていることに対して「そんな事実はありません。あなたの勘違いです」と言えば信頼関係を損ねてしまいます。かといって、その「あり得ない話」に追随すれば、妄想はどんどんと固まり、妄想構築となってその人から消えなくなることも事実です。山内さんの金山さんに対する妄想はある程度経てばなくなるかもしれません。それまでの間、「否定も肯定もせずに」話をそらすこと、そしてもう1つ大切なことは、積極的に担当者を変更してみることです。これは1人の介護職に過剰なストレスが加わりすぎないようにするためのストレスコントロールです。

　「担当を外れるなんて自分には力がなかったのかな」と思うかもしれませんが、それこそ介護職が陥ってしまうことの多い心理状態

です。病気の症状が最も多くかかわってくれる介護者に向けられるのであれば、一時的に妄想を向けられるその人は、いかに認知症の人に対して、熱心に積極的にかかわろうとしたかを表しています。そのことを「誇り」と考えてください。

　しかし、過剰なストレスからあなたが倒れてしまうことをだれも望んではいません。バーンアウトしてしまう前に攻撃対象となっているご自分の立場から身を引いて、他の人に代わってもらいましょう。そして、また被害感があなたに向けられなくなったときには、再びその人のケアを担当してあげてください。

　介護は「チーム」で行うもの、金山さんに攻撃が向けられたときには別のホームヘルパーさんに代わりましょう。あくまでも「チーム」としてかかわっていくことがストレスコントロールの要になります。

夜間せん妄を目の当たりにして夜勤が怖くなりました。

　特別養護老人ホームに勤務する高橋和也さんは介護福祉士になって半年です。ユニット型ではないホームのフロアを担当して、当直の夜にはいくつものことが重なって大変な毎日を過ごしています。

　今日も彼は憂うつです。先週入所した渋谷四郎さんが深夜になると廊下に出て大声をあげるからです。施設の担当医は、3か月前に長年勤めてきた大学の研究所を定年退職した人で、まだ現場に慣れていないため、なぜこのような行為が起きるのかわかりません。

　その日、心配していたとおり高橋さんが一息ついた午後11時半頃に渋谷さんが騒ぎ始めました。しかし、今夜の混乱はこれまでとは異なり、興奮の程度がより強くなっています。高橋さんが後ろから制止しようとしたとたん、渋谷さんは近くの洗面台を両手で持ち上げて外してしまいました。水がすさまじい勢いであふれてきます。高橋さんは目の前に広がった洪水のような状況に呆然と立ちつくしてしまいました。何より驚いたのは渋谷さんには普段、そのような強い力を出すことができなかったのに、なぜ、今晩に限ってこれほどの怪力が出たのか、理解に苦しむほどでした。目の前の光景は何なのだろう。背筋が凍りつくほどの恐怖感が高橋さんを襲いました。

A9 経験が浅い職員への研修やこころのケアなどが必要です。

　高齢者の医療に対して知識があったり、現場の経験が長ければ、この状況は「夜間せん妄」を起こした渋谷さんが、普段は出せないような「火事場の馬鹿力」を出したこと、せん妄は軽度の意識混濁があるから、普段では考えられない力を出すこともあること、そして夜の11時といった時間に起きやすいことがわかります［17ページ］。

　半分意識が混濁しているために、普通なら出せないような「火事場の馬鹿力」が出ることも多く、仕事に慣れていない介護職はビックリしてしまうことがあります。

　高橋さんにとっても初めての経験でした。目の前には水道からあふれる水、フロアが浸水すれば階下の入所者にも大混乱を引き起こします。予期していなかった事態に出合い、その衝撃でこころに過剰なストレスを受けました。このようなことが起こると急性ストレス障害や職場での適応障害などが起きたとしても不思議ではありません。

　こころの傷を受けた人を支援するとき、最も大切なことはその人がこころから保護されているという雰囲気のなかで、安心感と安全を保障することです。介護職が現場での経験から傷つき、それが癒えないうちにまた激務の現場に戻ることがバーンアウトにつながります。それを防ぐストレスコントロールで最も大切なのが上司の理解と十分なこころの休息であることを再認識してください。

Q10 担当していた利用者が徘徊の末に亡くなり、自責の念にかられています。

　一人暮らしの高齢者がここ数年で倍増したA市ではホームヘルパーによる安否確認が欠かせません。現在のところ一人暮らしできている女性、増田さんの場合はできるところとできないところがはっきりと分かれる「まだら症状」が目立ち、血管性認知症の特徴を出しています。

　暗証番号を覚えていて銀行から預金を出し入れできる一方で、夕刻になると「私、家に帰りたい」と言って自宅から出てしまい、これまでに何度も保護されていました。

　そんな彼女の姿を見かねた民生委員から相談を受けた地域包括支援センターは、担当のケアマネジャー鶴田信子さんに夕方5時の訪問を依頼しました。ところが増田さんには、なぜ鶴田さんが訪問するのかわかりません。「私、何も買うものはありません」と拒絶し、自分の家に帰ると言い張ります。

　そんなことが3か月続いたある夕方、出かけたきり増田さんは家に帰ってきませんでした。2日後に運河に浮かんでいたという知らせを聞いた鶴田さんはその場に泣き崩れました。

> **A10** 仕事面と心理面の両面で、見守り支えてあげる存在が不可欠です。

　地域で見守るという当たり前のことは、実を言うと「言うは易し行うは難し」ということがこの話からわかります。地域の民生委員も地域包括支援センターもかかわり、ホームヘルパーの見守りもあったのに、結果的に悲しい結末になってしまいました。鶴田さんのこころはどれほど傷ついたか、想像に難くありません。

　鶴田さんのストレスケアには大きく2つの流れがあると思います。1つは仕事のなかで重圧と戦いながら過ごしていた彼女を見守る存在、もう1つは、今回のような結果になったことをともに悲しみ、かたわらに寄り添いながら、彼女のこころの傷が癒えるまで寄り添う存在です。彼女に起きたことは私たちにも起きる可能性があります。そのことを自覚して人を支えることこそ、自らのストレスケアにつながります。

　一方、周囲の支援者にも注意が必要です。「鶴田さんの○○がいけなかったから、このようなことになった」と悪かった面ばかり責めるように指摘してはいけません。次にこのような悲しいことが起きないように、みんなで心がけることが大切ですが、悲しい事故は防ぎようがないときもあります。次につなげるために介護職がバーンアウトしないよう、鶴田さんの支援でプラス評価できたことを積極的に伝えてあげてください。

Q11 教科書どおりの症状ではないので、対応がわかりません。

　山崎次郎さんはグループホームの介護福祉士として、この春に就職した新人です。職場には認知症の人が18人、2ユニットに分かれて生活しています。

　専門学校で習った認知症の知識を現場でいかしたいと思う山崎さんですが、仕事をはじめて3か月ほど経った最近、自分でもわからないことが増えてしまいました。アルツハイマー型認知症は「やる気がなくなる」「人が変わる」といった症状が目立ち、血管性認知症は「怒りっぽくなる」と教わりました。それなのに現場で目にする利用者はまったく一人ひとりが異なる様子を示し、1人として同じ姿を示してはくれません。

　彼は困り果てて上司に相談してみました。「どの認知症ならどういう症状を出すか習ってきたのに、教科書とはまったく違う症状を出す人も多くて、自分にはどのように対応してよいかわからなくなりました。認知症のイメージはだれにでもわかりますか?」とも聞いてみました。すると主任から返ってきた答えも同じようなもので「私にも病名とイメージがわからないんです。でも、一人ひとり経験を積んで対応するように努めているんです」という答えでした。山崎さんは頭の中が混乱してしまいました。

A11 応用的な対処は現場で学びとっていくことが大切です。

　これは山崎さんのせいではありません。学校で学ぶのは認知症という病気の症状や行動であり、一般的にどのようにケアすべきかを学びますが、それ以上の経験は現場で築きあげていくことが大切だからです。介護に限らず社会福祉や医療でも、学問的な基礎をしっかりと押さえたうえで、応用も含めた現場での対処を学びとっていくことが大切です。

　認知症という病気を知るためにはその特徴をつかむことが大切です。特にどういった認知症にどのような症状や課題点が出るかを知ることが、対応の際に大きな力となります。具体的には、アルツハイマー型認知症の特徴的な症状、レビー小体型認知症の「幻視」といった特徴などです。

　しかし一方では、典型的な特徴を現さない場合もあります。幻視があるからといって他の要件を満たすことなくレビー小体型認知症であると決めつけることは危険極まりないことです。

　たとえその型の認知症には普段見られない症状が出たとしても、脳のある部分の変化が激しければ、症状が出ることが理解できるからです。介護職が画像診断やその人の「症状」について判断をすべきであると主張しているのではありません。情報をもって支援することがストレス軽減に役立ちます。

Q12 無気力な利用者への対応に困っています。

　ケアマネジャーになって2年目の山本一馬さんにはホームヘルパーとして6年の経験がありました。スキルアップを目指してケアマネジャーの資格を取り、これからは認知症の人や家族の支援をしたいと考えています。

　彼にはこれまでホームヘルパーとして認知症の人を見続けてきた自信がありました。認知症でどのような症状が出るかもわかったつもりでいました。しかし、今回担当したアルツハイマー型認知症の男性、田所さんが彼の自信を打ち砕きました。ケアプランを何1つとして受け入れてくれないからです。要介護2にもかかわらず、訪問介護は拒否、デイサービスにも来てくれません。

　田所さんは妻との二人暮しですが、休日には2人の息子が外出に誘ってくれて介護にも協力的です。ところが妻が体調を崩して以来、田所さんは山本さんのケアプランに対して「はい、受けます」とは言いますが、いざ、その日になると断って介護サービスを受けません。山本さんは頭を抱えました。「認知症の人の立場に立ってプランをつくれば、きっとうまくいくはず……」。それなのに田所さんはまったくサービスに乗ってくれません。山本さんは困り果ててしまいました。

A12 脳のトラブルによって起きる課題を知ることが大切です。

　アルツハイマー型認知症をはじめ、認知症の人は脳が本来ならもっているはずの「やる気、行動力」をそがれていることが少なくありません。今回の田所さんの場合にも、脳の萎縮から「やる気のなさ」が表面化し、それがサービスの拒否につながっていました。

　認知症では「抑うつ状態」と「やる気のなさ：無気力状態」との見分けも大切です。なぜなら、「抑うつ」になっている場合には自己否定をして「自分など、この世にいないほうがよい」と自死（自殺）をしてしまう危険すらあるからです。

　無気力の場合には「何かをすすめられてもやらない」といった無気力（アパシー）が表面化します。この状態は「抑うつ」のように自分を責めることはありませんが、何をすすめても応じてくれることはなく、介護者や支援者にとてつもなく大きなストレスを与えます。アパシーは側頭の変化などで起きやすいため、脳の変化（トラブル）がどこに起きているのか知ることも介護職にとってストレス軽減となります。

Q13 認知症の症状だということは頭では理解していますが、それでも自信がなくなります。

　高橋直子さんは経験を積んだホームヘルパーとして利用者や家族から大きな信頼を受けてきました。同僚が困るような利用者にも適切に対応することができた彼女ですが、あるアルツハイマー型認知症の男性を担当するようになってから、自分の迷いと向き合うことになりました。

　その男性は軽症といわれています。少しでも能力を維持するためには、外出や他人と話をすることが大切だと内科主治医からアドバイスももらっています。そのことを伝えると彼は「あぁ、もちろんそうですね。わかっています」と極めて了解よく外出することを約束してくれました。ところが何か月経過しても彼は外出をしません。デイサービスにも行きません。高橋さんが「行ってくださいね」と念押しして話すと「はい、人と接することの大切さはよくわかっています」との返事。しかし実際には参加しません。こうした言動も認知症の症状からくることだと頭では理解していますが、さすがの高橋さんも「私が気に入らないのだろうか」と思い悩むようになってしまいました。

A13 本音をぶつけられる人に話すことが過剰ストレスの軽減に役立ちます。

　軽度のアルツハイマー型認知症だと思われたこの男性は、その後の診察で、行動化のはたらきをする側頭葉がうまく機能していないことがわかりました（**A12**で説明したアパシー状態）。そのため、話を合わせることは上手にできても、いざ、行動を起こすとなると何もしないのが彼の特徴でした。そうした症状を知ることは、大切なストレスコントロールの手段です。

　一方で、介護職も人の子、なんでも「症状だから」と平然としていられるわけはありません。そのような場合の過剰ストレスのコントロールに有効な手段は、「言語化」です。すなわち自分のなかに生じた気持ちをどこかで言葉にして出すことが大切です。守秘義務を考えながら、それでも自分の意見を吐き出せる場所と相手を見極めたうえで、出せる相手には本音をぶつけてみましょう。「自分の気持ちを共有してもらえた」と思う経験はストレス軽減に大きく役立ちます。

　だれかに自分の疑問を話すことで、別のところから自分を見ている別の自分に気づくことがあります。客観視することができるからです。そうやって、認知症の人が目の前でしていることをとらえながら支援することは、あなた自身への過剰ストレスの軽減に役立ちます。

介護家族とのかかわりによる過剰ストレス

家族の思いを受け止め、介護することは大切です。
しかし、受け入れられないこともあります。

Q14 家族の前で、つい言ってはいけないことを口にしてしまいました。

　介護老人保健施設に勤務する白川和也さんは介護福祉士です。以前に勤務していた特別養護老人ホームから転職して3年、介護職になって7年が過ぎようとしています。担当する人にアルツハイマー型認知症の松尾聡さんがいます。79歳の松尾さんは7年前に発病し、現在では言葉による意思表示ができない状態です。
　介護老人保健施設での仕事はこなさなければならないことが多く、時間の余裕がありません。
　そんなとき松尾さんが白川さんを見つけ、何かを話してきました。「え、松尾さん、よくわかりません」最初はできるだけ丁寧に応えようとしていた白川さんですが、つい、忙しさに負けて「ダメだこりゃ、終わったな」と言ってしまいました。そのときです。松尾さんの妻が偶然、面会に来て部屋の入口に立っていました。「ちょっとあなた、今の言葉はないんじゃないですか」。しまった！　白川さんは自分の未熟さを恥じるとともに、この先のことを思うと目の前が真っ暗になってしまいました。

A14 自分のこころの内を軽々しく口にすることは不適切行為です。

　これは不適切な行動で、自業自得と思いましたか。横から見ると「あってはならない行為」であっても、何かの拍子に出てしまった発言は後から取り消すことはできません。みなさんのなかにも同様の思いをした人は決して珍しくはないはずです。

　人は無力感を感じたときに、対象としている人に向けて発言するのではなく、自分自身に対して、捨て台詞(ぜりふ)のようなものを口にする傾向があります。まったく希望がない状態のときに「ダメだこりゃ」と天に向かって発言する経験はもっていませんか。それをたまたまだとしても入居者の家族がその台詞を聞くと、まるで言葉による虐待のような印象をもってしまいます。

　そのことに対して、白川さん個人はこころから謝ることが大切です。さらに施設としても謝罪し、適切な対応をすべきです。

　「忙しい」というストレスから出てしまった言葉であっても、少なくとも介護職を信じ、施設を信じて入居してくれる人や家族のこころを鑑み、無意識に出てしまうこのような否定感情を口にしないよう訓練することが、介護職として生きていくための基本です。

Q15 クレーマー家族に困っています。

サービス付き高齢者向け住宅で働くホームヘルパーの渡辺千恵子さんは最近、職場に向かうのが苦痛でなりません。レビー小体型認知症の男性、田上さんの家族のことが気になるからです。

これまで田上さんを1人でだれの手も借りず介護してきた娘さんからの要求が異常に多く、それに「できるサービスの限界を超えている」といった答えをしようものなら、激怒して止まらなくなるのです。

田上さんが入所する以前には、娘さんは自分以外のだれにも介護をゆだねず、たった1人で介護してきました。気性が激しくて怒りやすい性格の娘さんでしたが、田上さんが入所してからは毎日面会にきてクレームをつけるようになりました。先日などは「この施設のコンセントをすべて10cm上につけ直さないと父が生活するうえで不便極まりない。つけ直して!」と言われ、思わず「そんなことできません」と断ると、責任者に何十回も電話で怒鳴ってきました。

> **A15** 1人が標的にならないよう、施設全体として受け止めることが大切です。

　レビー小体型認知症は幻視やパーキンソン症状をもつこと、海馬の変化が少ないために比較的記憶が保たれることなどが特徴ですが、ここ10年ほどで理解されるようになるまで、介護者は社会の無理解・偏見と戦わねばなりませんでした。それが娘さんが人にゆだねず自分で介護し続けた原因の1つかもしれません。

　しかしこの娘さんには性格的な特徴があります。白黒はっきりさせないと気が済まないこと、自分ができる限界を超えた途端、渡辺さんたちに120％を求め、それがかなわないと激怒するといった特徴です。

　一般的にもこれまで介護をしてきた家族介護者には、いざ、ホームや施設に介護をゆだねるときに無意識の「申し訳なさ」が出ます。自分ができなくなった介護を償うかのように、介護職に要求するレベルが上がっていくことは珍しくはありません。「償い」は無意識に介護者が介護職に対して「自分ができなかった申し訳なさを代理である介護者に求める行為」と考えられ、つい過剰な要求を突き付けることにつながります。

　しかし田上さんの娘さんの場合にはこの「償い」行為だけではありませんでした。実際にはできないことだと思っていても、「どこまで対応できるか」介護職を試すつもりだったのかもしれません。このような場合、渡辺さんはすぐ答えるのではなく、その要求をい

　ったん持ち帰り、後日、施設長を介して応じられないと返答したほうがよかったと思います。

　最近、モンスターケアラーなどといわれる、過剰要求と怒りの塊のような介護者も頻繁に目にするようになりました。渡辺さん1人が標的にならないよう、施設全体として受け止めることが最も大切なストレスコントロールの基本です。

Q16 家族に「訴えてやる」と言われました。

　92歳になる男性、田中さんはこれまで貿易会社の会長を務めてきた人です。現社長の娘婿(むすめむこ)は義父をとても尊敬してきました。その田中さんが3年前に突然、アルツハイマー型認知症と診断されました。

　田中さんの子どもは2人で、息子と娘です。息子は早くから独立して九州の大学教授になっていました。これまで疎遠にしていましたが、父親の病気をきっかけに再び親子の縁が近くなりました。ところが息子は娘婿と違って田中さんの病気のことがわからないようです。デイサービスの管理者で看護師の北大路貞子さんがいくら説明しても、息子は田中さんの病状を理解してくれません。

　北大路さんは主治医の先生に田中さんの病状を息子に説明してもらいたいと思いました。しかし主治医は「息子さんに求められてもいないのに説明するわけにはいきません」と困り顔を見せます。

　そんなある日、息子が北大路さんのデイサービスにやってきました。そして「父を勝手に病人扱いしてデイサービスを続けたのは妹夫婦と結託した犯罪行為である。訴える」と言ってきました。北大路さんは衝撃のあまり自信を失ってしまいました。

A16 家族に寄り添うだけではなく、万一の準備をすることもストレスケアになります。

　認知症の人が見せる多面的な表情は、常日頃からその人にかかわってくれる家族に対しては、安心感からか「かなり混乱した様子を見せる」のに対し、普段は接していない家族が、まれに訪問してきたときなどに限って、日常では見せないようなしっかりとした態度で迎え入れるものです。田中さんの場合も娘や娘婿の前では認知症の症状を出しますが、久しぶりに会う息子の前では緊張感からある程度の時間はスイッチが入ったかのようにしっかりとした態度を見せるのでしょう。

　問題がきょうだい間だけであれば解決に時間がかかっても何とかなるかもしれません。しかし今回はデイサービス職員の北大路さんを妹夫婦とグルになっているとして訴えようとしています。北大路さんの気持ちは一気に萎えてしまうはずです。悲しい事実ですが、これはよくある光景です。私も日々の臨床で家族間の意見が異なり、私たち医療機関まで悪者にされてしまうことがあります。

　対策としては、正確な情報を得るために医療機関に残っているカルテ情報が役に立ちます。もし息子が情報不足なだけであれば、しっかりとカルテや画像診断の結果を示し、田中さんに起きている変化について伝えれば、息子もわかってくれるはずです。

　しかし時には法的な措置を講じる必要性が出てくることがあります。万一の準備をすることもストレスケアになります。

Q17 家族による虐待行為を見つけてしまいました。

　ホームヘルパーになって9年、高松良子さんはこれまでに多くの介護風景を見てきました。しかし今、担当している血管性認知症の女性、室谷さんと娘さんのような「よくできた介護」にはこれまで出会ったことがありませんでした。いつ訪問しても室谷さんを介護する娘さんは、母娘一体であるかのように見えます。

　74歳になる室谷さんが若くして発病したため、娘さんには独立や結婚の機会がありませんでした。「母の介護のために、私は人生を捧げます」という娘さんの覚悟を聞いたとき、高松さんも感情を抑えきれなくなって涙を流しました。

　しかしある夕刻、高松さんがいつものように室谷さんの自宅を訪問し、チャイムを鳴らして、ドアを開けた瞬間、室谷さんにはいつもと違うその場の空気が伝わってきました。恐る恐る部屋に入った室谷さんはその場の光景を見て凍りつきました。目の前には血だらけの娘さんが立っています。彼女は笑っていました。「室谷さん、私、母を30分ほど殴りつけました。母を殺して私ももう介護から離れたい。もう死んでしまいたい」と、彼女は言いました。言葉を失った室谷さんはその場に呆然と立ち尽くしました。

介護職・本人・虐待者、すべての人へのケアが必要です。

　高齢者虐待といわれる行為には大きく分けると2つの流れがあります。「高齢者虐待の防止、高齢者の養護者に対する支援等に関する法律(高齢者虐待防止法)」には身体的、心理的、経済的、性的そしてネグレクトと、大きく5分類の虐待があげられています。そのいずれもが「悪意のある虐待行為」と「悪意のないもの」、すなわち善意をもって介護してきたにもかかわらず、結果的には虐待といわれても仕方がないような行為に及んでしまうこと、の2つに集約されます。

　私はこれまで善意をもって介護してきたにもかかわらず、結果的には虐待行為に及ぶ介護者を「善意の加害者」として支援してきました。今回の室谷さんの娘さんは母親の介護のために自分の人生を捧げる覚悟でした。そんな娘さんにとって、お母さんの安定は自分の安定、お母さんの混乱は自分の混乱になっていたのでしょう。

　室谷さんが混乱したときに娘さんは自分の介護の限界を超えてしまい、ふと気がつくと母親を殴りつけていました。その場を見た高松さんも衝撃を受けたことでしょう。このようなストレスを受けた場合、継続的なこころのケアが必要であり、それは高松さん個人ではなく、職場として考えていかねばなりません。決して1人で抱え込んではいけません。

　高齢者虐待は、特に今回のように被害者となった室谷さんの生命

に危機が及ぶようなときには、緊急事態として行政に通報し、本人の保護が必要です。警察への通報も考えなければなりません。上司に連絡して、状況を伝えて判断を仰ぎましょう。そして、忘れてはならないことは、加害者となった娘さんへの支援です。後に自分がした行為を許すことができず、自分を責め続けたり、自死（自殺）したりすることがあります。娘さんのこれまでの介護を考えたとき、一方的に通報するだけではなく、虐待者に対しても、この先、今回のことで自分を責めないように支援することが必要です。それが介護職のストレスケアにもつながります。

認知症ケアをめぐる専門職間での過剰ストレス

認知症ケアはチームケアであり、他職種や他事業所との連携が基本です。ここでは、専門職間での過剰ストレスにはどのようなものがあるか解説します。

Q18 同僚が認知症のことをよくわかっていません。

　特別養護老人ホームで介護福祉士として働いている竹中優子さんは入職2年目です。最近の人手不足のためか、この春から班のリーダーになりました。「私などまだ素人のようなものだ」と思っていても現場の責任はのしかかってきます。そのため、認知症ケア専門士という認定試験の勉強も始めました。

　しかし、現場の仲間は「認知症なんて難しく考える病気じゃないわよ。相手に合わせていつもニコニコと対応すればやり過ごせるから」と本気で言ってきます。優子さんはとんでもない発言だと思いました。かつて祖母が認知症になりかけたときに、自分が間違いを繰り返すことに絶望し、自信を失って見る影もなくなったことを知っていたからです。班長として働くうえで仲間の無理解は彼女を苦しめ、不眠傾向になってしまいました。

A18 たとえ孤独に感じても、学びの気持ちをもち続けましょう。

　だれもが仕事に就く前からなんでも知っているはずはありません。仕事をしながら学んでいくことが大切です。でも、その「やる気」は人によって異なります。私たちが介護や医療の領域で人のために何かをしたいと考えているとき、その思いを最もくじくのが「仲間のあきらめたような発言」なのです。

　竹中さんが常に失うことなくもっている認知症への探求心や学びの意欲は、かつての家族への思いからきているのでしょう。だからこそ、「認知症とはこんなものだ」とひとくくりで考えてしまう同僚の発言がストレスになることは想像に難くありません。そのような壁を乗り越えるには、たとえ孤独でも自分がもっている学びの気持ちをもち続け、だれに何を言われようと探求していくことが最大のストレスコントロールになります。常に続ける「希求」の気持ちが、自信と確信に変わるときがやってきます。また、自らの不安と向き合うときに出る不眠傾向も、自信が出てくると姿を見せなくなるかもしれません。

　人を思いやりながら、それでも専門職として情緒的に巻き込まれ過ぎないように心理的な距離をとることが大事です。彼女の場合には祖母への気持ちを忘れることなく、また一方では仕事と割り切って冷たくならないように、こころのバランスをとることが必要です。

Q19 人手不足で職員を育てられません。

　特別養護老人ホームの認知症重点ケアフロアの主任をしている桝元茂子さんはフロア25人の責任者として日々を送っています。最近入所した田端宗雄さんのケアには、ここ2か月ほど心血を注いできました。彼は他の入所者とは異なり日常生活動作（ADL）には問題がありません。それは言い換えれば常に元気で歩き回るにもかかわらず、認知症のために理解が悪いのです。フロアのだれかが目を注ぎ続けなければなりません。夜間の当直にはその傾向がより鮮明になり、当直者は夜勤の間に仮眠をとることもできなくなっていました。当然、職員から不満が上がり始めました。

　桝元さんは自分もかつて現場に出て2年目に大きな壁にぶつかったことを思い出しました。認知症の人の行動が理解できずに悩み、それを解決できたのは認知症ケアについて改めて研修会に参加した後だったからです。「みんなにも勉強の機会を与えてやりたい。そうすれば、認知症の人への適切な対応がわかり、ケアも楽になるはず」。こころからそう思いました。

　しかしここ3年、現場ではすさまじい人手不足です。研修会に行く暇もありません。やっと施設に慣れたかと思うと新任の職員は辞職してしまいます。そんなプレッシャーから、桝元さんは過敏性腸症候群になって休職せざるを得なくなりました。

A19 人手不足だからこそ研修を積み、介護職を育てることが大切です。

　認知症はその病気の特性を知り、どのような認知症に対してはどういった対応が求められるかを介護職がしっかりと把握することで、対応力は大きく変わってきます。このような過剰ストレスを防ぐ最大の防御は、介護職が常に勉強をすることで日々の経験を理論的に解釈し、ケアを「実践にもとづく理論」として経験を積むことです。「勉強は嫌いだ」とはだれもが思うでしょう。しかし、ここで書いている「勉強」とは何も難しい定義を覚えることではありません。経験により「そうだったのか!」と漠然としたイメージを再確認することで「腑に落ちた」ようにケアがすすめられることが大切です。

　現場の経験は毎日の仕事をこなしていくことで学びの場として最適です。しかし、人手不足から日々の仕事だけをこなしていたのでは、せっかくの経験を裏から支える理論を習得することができません。経験的にはそのケアがよいと思っていても、それを支える理論を学ぶ研修がなければ、現場スタッフが燃え尽きてしまうのも時間の問題です。人手不足だからこそ研修を積み、自信をもって現場でストレスに耐えられる介護職を育てることが大切です。そのために、現場の人々が声をあげ、施設全体で経験を理論で支えられるように努めましょう。

非難されているように感じて、同僚に悩みを相談できません。

　49歳の男性、林崎さんは会社の人事部長をしています。しかし、ある時から仕事でミスを繰り返すようになり、会社の人も家族も心配して専門医療機関を受診。そこで若年性認知症と診断され、要介護認定を受けました。

　担当するケアマネジャーの里中信子さんにはずっと抱えている悩みがあります。それは林崎さん自身が、どうしても自分の病気を認識できないことです。「俺は病気なんかじゃない。仕事だってやっているんだ。病人扱いするな!」と家族にも里中さんにも気色ばみます。

　里中さんが何度自宅を訪問しても、門前払いが続きました。「私の誠意が伝わらないのかな」と彼女は悩みました。先輩のケアマネジャーはこのようなとき、どういった対処をするのかとも思いました。しかし彼女は困れば困るほど、人の経験を聞くことができなくなってしまいました。何か自分が悪いことをしているかのように、彼女は自分を責めました。「人の意見を聞くと自分が非難されているかのように感じる」とも思いました。日を重ねるうちに彼女は職場に行けなくなって退職してしまいました。

自己開示することが ストレス解放につながります。

　認知症は私の診療所のカルテではおよそ70％の人に病気の自覚があり、30％の人には自覚がありません。同じ認知症でもまったく違う姿を見せるのが特徴でもあります。例えばアルツハイマー型認知症でも病識の有無によって対応が異なることは明らかです。自分がもの忘れをして悩んでいる人にはそのつらさに寄り添うことが求められる一方、自覚がない人にはいくら寄り添う気持ちを示しても難しいことがあります。私は病識がない30％の人の場合には、介護する家族に寄り添うようにしてきました。

　また、里中さんが「他のケアマネジャーに聞けなかった気持ち」も理解できます。彼女は「あなたの支援は間違っている」という言葉を聞きたくなかったからです。「学ぶ」ということは「叱られる」と思っていると、人の意見が聞けず、ストレスをため込んでしまいます。自己開示をすることがストレス解放につながることを信じて、人に聞いてもらえる自分になりましょう。

　一方、里中さんの職場の責任者には「なんでも口に出して相談できる」雰囲気の職場をつくる努力が求められます。すぐにできるものではありませんし、無理につくろうとすると、かえってギクシャクした雰囲気になるかもしれません。しかし、介護職が悩みを口に出せる職場を目指すことがストレスケアに役立ちます。

ホームヘルパーとの関係に悩んでいます。

　松下奈々さんはケアマネジャーになって2年目です。ホームヘルパーから一念発起して資格を取りました。現在、34人の担当をしていますが、そのなかに若年性認知症の高峰さんという中年男性がいます。

　松下さんが最も難しいと感じているのは、高峰さんを担当するホームヘルパーとの人間関係です。若年性認知症の高峰さんや家族の要望に応えるべく、松下さんはアセスメントを行い、ケアプランを立てました。一方で、ホームヘルパーに対しても、元の仕事として最大限の理解を示しました。ところが高峰さんの認知症の行動・心理症状（BPSD）が激しく、攻撃的な言動が出るために一定のホームヘルパーが決まりません。どうしてもケアプランを満たそうとすると、時間契約のヘルパーの「継ぎはぎのような」ケアプランになってしまいます。それも仕方がないと思い、担当する人たちに「どうか高峰さんのことを理解しようと努力してください」とお願いしました。しかし、返ってきた返事に彼女は愕然としました。「そんなこと知らないわよ。私たちは担当する時間だけやればいいんでしょ」。松下さんは震えて立ちすくみました。

A21 非難や否定されることにも経験を積んで慣れることが必要です。

　ホームヘルパーから万感の思いを込めてケアマネジャーになり、担当する人々の役に立ちたいと思った松下さんと、契約によって少しでも収入を増やすことを第1に考える立場の人との考えの違いが、1つのケアプランをめぐって対立してしまいました。どちらが正しくどちらが間違っているとは言えません。それぞれに主張や考え方の違いはあります。でも、その違いを乗り越えてケアプランに基づいたサービスを提供し、それをアセスメントすることでよりよい介護を提供していくのがケアマネジャーの仕事です。

　松下さんの場合、自らの志の高さを、元は同じ立場のホームヘルパーから否定されるという体験が大きなストレス負荷となって彼女に襲いかかりました。自分のケアプランを多職種が連携しながら行うとき、「このプランでみんなに非難されないか」とこころの隅で思います。そんな松下さんに「利用者に対して割り切った言葉」は自己否定にもつながりかねない大きな課題を投げかけることになりました。自分が非難されることや考え方を否定されることに経験を積んで慣れること、これがストレス軽減策です。できるならその経験を1人で乗り越えるのではなく、だれかと失敗体験を話し合えると効果が高まります。

ケアマネジャーとの関係に悩んでいます。

　訪問介護ステーションを立ち上げてから15年、介護保険とともに地域に貢献してきた中林初子さんは自身もホームヘルパーとして、仲間5～6人とともに仕事をしています。自分がケアマネジャーになることも考えました。その実力ももっていますが、あえて自らはケアマネジャーにならずに、地域のケアマネジャーと組んで仕事をする道を選びました。

　公平さを保つことで最適なケアプランを立てるはずのケアマネジャーのなかに、自分が属する特定の事業所の利用に誘導するケアプランを立てる人が出てきました。中林さんが訪問しているアルツハイマー型認知症の女性、佐々木さんは一人暮らしの高齢者です。自己判断能力が低下した彼女を誘いこもうとするケアマネジャーと中林さんは対立し、ケアマネジャーが属するグループの医療法人から一切の仕事が回ってこなくなりました。

A22 普段から多職種連携が大切です。ときには他職種から指摘してもらいましょう。

　介護保険を成り立たせている要がケアマネジャーです。いろいろな課題は残しながらも15年間、この国の介護を支えてきました。日々の業務こそしていませんが、私もケアマネジャー第1期生です。

　このケースは、ケアマネジャーが公平さを欠く人である場合に起きた問題です。不服があればケアマネジャーを代えることができますが、佐々木さんの場合には一人暮らしで親戚もなく認知症のために判断能力を欠きます。ケアマネジャーは半ば公的な立場であることを忘れてはいけません。利用者が自分のこころを表明できないときには自らの利益を捨てて、認知症の人に代わって意見を言う（代弁）、代理人としての自覚が必要です。ケアマネジャーに倫理観、そして公平さがなければ、今回のような問題と向き合うことになります。

　こうした事態を避けるためにも、普段からの多職種連携が大切です。特定の所に誘導しようとしても他の職種、例えば医療者が「それはサービスが偏っているのではないか」と指摘する関係、よい意味での緊張関係が効果を発揮します。

　介護の仕事といえども経済面をまったく無視するわけにはいきません。だれかと連携しようとしても考え方の違いから対立し、関連する組織から疎外されることはよくあります。こんなときこそ、他職種の力を借りるのも1つの手です。

新人ソーシャルワーカーとの関係に悩んでいます。

　訪問看護ステーションに勤務する宮内朝子さんは看護師として手術室の担当をしたのち、病棟の看護師長を務めましたが、40歳を過ぎた頃に「地域を支えたい」と発起して介護職と連携する現場を選びました。所属する看護協会が訪問看護に力を入れてくれることもあり、ステーションの経営は大変ですが充実した日々を送っています。

　彼女が担当する人に血管性認知症の大宅さんという82歳の男性がいます。一人暮らしで生活保護を受けている大宅さんは身寄りのない高齢者であり、宮内さんはそのことに留意し、常に福祉と連携しながら彼を支えてきました。

　ところが大宅さんが通院する病院のソーシャルワーカーが前任者から変わった途端にこれまで良好だった関係が崩れてしまいました。経験の浅い新任のソーシャルワーカーは制度のことには精通しているのですが、どこか無機的な感じがして宮内さんにはなじめません。「彼と話していると機械と対話しているようだわ」。彼女が手術室から病院の病棟、そして訪問看護に至る道で数々の悩みを乗り越えて「心理的な支援が大切」と思ってきただけに、制度の話に終始する彼と話すとストレスが高じて耐えられなくなってしまいます。

> **A23** 新人に対しては、寛容さを示すこころをもつことが最大の武器になります。

　ソーシャルワーカーは福祉制度に精通しているだけでなく、福祉の専門家としてその人や家族のこころの支えになるべく、自らの使命を感じている職種です。私の診療所には升山弘子さんという社会福祉士が私のパートナーとして30年以上勤務してくれています。いまや私の臨床は、彼女なくしては成り立ちません。

　しかし経験豊富でカウンセラーのような力をもつ社会福祉士ばかりではなく、制度のことには詳しくても、担当者のこころに寄り添うことがない人もごく少数ながらいることを今回、宮内さんは痛感したのでしょう。この社会福祉士はまだ新人なので、経験を積むうちに利用者や家族の気持ちに沿ったケースワークができるようになると思いますが、現時点では宮内さんの熱い思いと対立する結果になってしまいました。

　このようなストレスを宮内さんがコントロールするために必要なことは何でしょうか。それは「寛容さを示すこころ」だと思います。長い経験ののちに現在の立ち位置を確立した宮内さんなら、社会福祉士が少しずつ経験を重ねて「こころ」に向き合うことを見守れるはずです。「寛容さ」こそ、彼女自身のストレスを軽減する最大の武器となります。若い人を育ててこそ、制度は「血の通ったもの」として長く続けられます。自分のストレス軽減のためにも「次の世代を育てている」との自覚をもつとよいでしょう。

Q24 介護職と看護職との関係に悩んでいます。

　サービス付き高齢者向け住宅のなかでも手厚い介護体制を誇る特定施設に勤務する介護福祉士、中垣内昌子さんは自身が担当する3階の「認知症フロア」の責任者になって5年が経ちます。

　新任の看護師が施設に来て6か月、施設内にさまざまな課題が生じました。入居者の生活を第一に考えている彼女をはじめとする介護職と、課題の原因を求め対処すべき道はどこにあるかを科学的に見ようとする看護職との間で、どうも対話している際に使っている言葉が違うように思えてきたからです。何も専門用語の使い方が異なっているという意味ではありません。お互いが利用者のことを第一に考えて話し合っているのに、どうしても双方の意見がすれ違っているように思えるのです。

　入居者の調子が急変したときなど、看護師がいる安心感は何ものにも代えがたく、中垣内さんをはじめとする介護職は看護師にいつも感謝しています。喀痰吸引の際にも点滴の指示があるときも。それなのに中垣内さんたち介護職が生活上の課題を出しても、看護職はどこか疾患を中心にした話を返してきます。どのように看護するか、医療面はどうなのか、中垣内さんたちには「聞かれてもわからない」ことが多すぎます。

> **A24** 違いは当たり前。
> あえて自分の専門領域を
> 越えて考えてみることが大切です。

　両者の理解に基づく連携こそ大切だと思っています。後に言及する医療・看護と介護との連携がうまくいかないと、職員全員に過剰なストレスがかかります。職員それぞれに自分の「もの差し」で相手にも気を使いながら、連携したいと思っているのに、実際の現場ではギクシャクすることもあるからです。

　ここで誤解を恐れずに私論を述べさせていただきます。私も医師として疾患を考え、それにどういった治療ができるかを中心にした「ものの見方」を教えられ、実践してきました。看護職も原因の究明、そして看護の必要性を分析し、それを実行することでの効果を冷静に見つめる姿勢を教育されます。

　一方、介護の世界では原因の究明や解決策が見つからなくても、その人の生活全体を支えることが使命です。看護や医療が求める原因の追究に対して、原因はわからなくてもエンパワーすることが大切であるという介護・福祉の視点を教育されて現場に立っている介護職とは、その訓練期間における教育や視点の置き方に少し違いがあっても当たり前なのではないかと私は常々思っています。どちらがよい悪いという関係性ではなく、お互いの背景にあるものを理解し合い、それを乗り越えるためにあえて自分の専門領域を越えて考えてみることが大切です。例えば看護や医療は介護の視点をもう少し考え、介護職は医療面を「専門外」として排除するのではなく、

お互いの連携と立場の違いを越えた協力こそが認知症の人の支援には大切なのだという「思い」が両者を結び付けるためのキーポイントだと思います。
　「看護と介護はどうして考え方が違うのだろう」とかつて私も思っていました。しかし今では「違っていて当たり前。それは訓練を受けてきたプロセスの違いである」と考えられるようになりました。地域包括ケアにおける多職種連携は「多」職種が集まるからこそ「他」職種への共感と理解が求められる世界でもあります。お互いのストレス軽減のために、「背景が異なれば考え方が少々異なるのは当たり前」という寛容なものの見方がストレスを軽くしてくれます。
　私は日頃から連携がうまくいくかどうかは、自分と異なる考えに出合ったときにどこまでその不確かな気持ちを不確かなままでもち続けることができるかにかかっていると思っています。白黒をはっきりさせずに「灰色のままでもよし」とできる力といってもよいでしょう。
　何度かの調整を経て最大公約数的なかかわりになるかもしれませんが、認知症の人を「チームで支える」体制は育ちます。その環境に慣れることが介護職にとって大切なストレスコントロールにつながります。自分の意見はもち、意見を表明することも大切です。議論を尽くした後の「みんなの意見」を自分に受け入れることができれば、日々のストレスから燃え尽きることを避けることができます。

Q25 医師の処方に対して意見を述べてもよいのでしょうか。

　ホームヘルパーの多田葉子さんは担当するレビー小体型認知症の滝川さんを担当して5か月になります。滝川さんは妻との二人暮らしで幻視、パーキンソン症状を伴うようになって、近くの「かかりつけ医」に相談するようになりました。その後、その医師から紹介されて神経内科を受診、そしてレビー小体型認知症の診断が下りました。しばらくして神経内科から再びかかりつけ医のもとに戻り、そこで服薬も受けることになりました。

　かかりつけ医も「少しでも滝川さんのために」と思って抗認知症薬を処方してくれます。少しずつ増量していきましたが、そこでトラブルが起きました。増量とともに滝川さんの転倒が増えたからです。さっそく多田さんはかかりつけ医のもとに行き、その顛末を話しました。その医師はとても誠実な人で話を聞いてくれましたが、少し困ったように「でも、滝川さんのような人にはこの用量の薬を使うのが標準の薬用量なのです。そう言われると困ってしまいますね」と判断をためらう様子です。多田さんは医師が誠実なだけにそれ以上のことを言えず、悩む毎日を送っています。

A25 生活を支える介護面からの意見を医師に伝えてください。

　ケアマネジャーの制度が始まり介護保険ができた頃、医師の一部にはケアマネジャーに会おうとしなかったり、生活の様子を伝えても聞いてくれない医師がいたことは事実です。時が過ぎ、今では地域医師会が積極的に介護職との連携を考えてくれる時代になりました。しかし、当時の印象が強いためか、ケアマネジャーのなかには医師と会うことに躊躇する意見が少なくありません。特に薬がどのように効いたか、生活を支える介護の面から医療に意見を出すことをとまどうケアマネジャーが少なからずいます。

　でも、むしろ多くの医師は積極的に日頃のその人の様子を知らせてほしいと願っています。医師は限られた診療時間という枠内でその人を診察し、その後の処方を決めなければなりません。むしろ介護の立場から意見を言ってもらうことで日頃の様子がわかり、処方を確実にする情報を求める医師は少なくありません。

　しかし同時に注意しなければならないことがあります。処方は医療であり、しっかりと決められた手順や用量を守らなければなりません。医師は科学に基づいたエビデンスによって治療をしています。薬用量も決められたとおりにしなければ保険診療としてとおらなくなります。

　また一方では介護職になるための教育を受けてきた背景で、いつの間にか「薬は悪である」といった固定観念が自分を支配していな

　いか、今一度自らのこころに問いかけてください。介護職がケアによって認知症の人の安定を図り、薬を使わない方法での安定ができる場合にはよいのですが、そうとばかりはいえない状況もあり、その際に介護と医療が協力しなければならないときに、無意識から「薬を使うと介護の敗北」などと考えないで、広く医療とも連携できることが大切です。

　さて、この事例の顛末ですが、後日、多田さんは医師に対して「専門医の意見も聞いてほしい」と頼んでみました。理解のあるかかりつけ医は、神経内科に問い合わせ、薬用量を調整することができました。ケアマネジャーがかかりつけ医と専門医をつなぐ役割を立派に果たしたのでした。

地域とのかかわりによる過剰ストレス

地域住民との連携や制度利用では、
これから示すような過剰ストレスに注意してください。

Q26 制度を活用するのに行政との関係がうまくいきません。

　川口和也さんは、介護福祉士の資格を専門学校で取り、前の仕事をやめて介護業界に飛び込んだ「志ある」人です。

　グループホームで働き始めて3年が経った頃、スプリンクラーの設置が必要になりました。日々の介護の忙しさに加え、役所への手続きは何度も続きました。

　スプリンクラーの設置工事は入居者が生活しているなかで行われました。影響が出ないことを最優先しましたが、入居者の1人、アルツハイマー型認知症の柳谷さんは、工事の影響を受けました。昼間に見知らぬ人が出入りすると、決まって夜には大声を上げ、他の人の安眠を妨げます。川口さんも考えなければならないことや、予期しなかった展開への対応に追われ、疲れ切ってしまいました。

　そんなある日、手続きに訪れた市役所で係官から「これはずさんな計画ですね」と書類の不備を指摘されたときに、思わず「現場の気持ちになってみろ!」と怒鳴ってしまいました。

行政の人も あなたの熱心さや努力は 確かに見てくれています。

　役所とのやり取りは何度にもおよび、不手際があれば指導を受けることは明らかです。何度も足を運ばなければならないことや、時には努力が報われないこともあります。

　日々の仕事のなかで川口さんは追い込まれていたのでしょう。しかも柳谷さんが夜間に大声を上げることへの対応は、介護職にとって最もストレスフルなことです。そんなときの「うっかりとした」役所でのトラブルです。しかし川口さんのように志がある人が些細なトラブルを起こした場合、それが彼にとって些細ではなくなるから気をつけなければなりません。

　自分のことを二の次にして頑張りすぎた川口さんは、役所で係官にあのような言葉を投げつけた自分に愕然としてこころが傷つきました。係官にはすぐに詫びました。

　行政に携わる人々は、都道府県のレベルから小さな村まで、だれにも不平等になることなく、しっかり規則にのっとり指導します。一方で、多くの人たちは現場の人たちの熱心さや努力を確かに見てくれています。自分の至らなさから声を荒げてしまった川口さんのことも、係官はこころのなかで評価していました。川口さんに対し、最終の書類提出時に「よく努力されましたね」と声をかけてくれました。現場の人間には、この一言だけで頑張る自分が「明日もやっていける」と実感できるものです。

Q27 個人情報保護で情報が共有できず困っています。

　もう4年ほど前のことですが、地域包括支援センターに勤務する主任ケアマネジャーの中島貞子さんは、血管性認知症の高畠昌子さんという79歳の女性がだれも自宅に入れず、自分でごみの処理ができなくなっていることを地域のケアマネジャーの相談から知りました。しかし、自宅を訪問しても門前払いの繰り返しです。「こんなときこそ行政やこの人の親戚などに集まってもらって地域ケア会議をしなければならない」と彼女は思い、支援者らに通知を出しました。

　幸いにして主治医も遠くに住む親族も集まってくれたのですが、事前の連絡のときとはうって変わって、会議では場の空気が張り詰めてしまいました。医師は大病院の勤務医、「職場の許可が出なければ個人情報は出せません」と言うばかり。行政も「出しづらいです。個人情報保護法によって」とのこと。この状況に、遠方から会社を休んで会議に参加してくれた姪は怒りだしました。「こんな大切な会議をするのに、次々と言えないことばかりなんて。私は何のために会社を休んで遠出してきたのですか！」中島さんはこの展開に驚き、どのようにすればよいかわからなくなってしまいました。

A27 承諾書を取ることによって、情報共有しやすくなりました。

　地域ケア会議やサービス担当者会議の大切さは認識していても、個人情報保護法を鑑みれば、「はたしてここで情報を提出できる人々の会議なのだろうか、本当に守秘が貫かれるのだろうか」など、数年前にはそう感じた人々のこころのストレスは計り知れなかったと思います。しかし、そのときの感覚をいまだにもっている方がいるとしたら、状況はずいぶんと変わってきたと言えます。

　現在では地域ケア会議で「家から出て行ってしまう人」を地域ぐるみでどうするかを話し合う場合や、高畠さんのように近隣にも参加してもらう必要がある場合など、会議に参加する場合にはすべての人に「守秘を徹底する。個人情報保護を守る」という署名入りの承諾書を求めるようになりました。

　数年前の状況でこころに傷を受けた介護職には、ぜひ確認していただきたいことがあります。2016(平成28)年の今、地域包括ケアの実現に向けて社会の意識は大きく変わりつつあります。認知症ケアについては、20年前、25年前を知っている私から見ると、まるで違う世界で認知症の人を支援しているようにさえ感じます。「行き詰まった感じ」を経験した介護職が「行政や医療は情報を出してくれない」と今でも悩み続けていれば、これからの地域包括ケアにおける多職種連携は実際には動かなくなります。風通しのよい会議を通して、介護職のストレス軽減と利用者の人権擁護に努めましょう。

Q28 地域の人と金銭トラブルが起きて困っています。

　血管性認知症の女性、丸山さんは82歳で一人暮らしをしています。担当のケアマネジャーは永吉美津子さんです。永吉さんは月に1度ではなく週に2度ほど丸山さんの自宅を訪ねてホームヘルパーとともに彼女を支えてきました。

　ある日、永吉さんが丸山さんの家に入ろうとすると、向かいの家から高齢の女性が飛び出してきました。「あなた、お世話の人?」と尋ねられたので「はい」と答えると、まくしたててきました。「1か月ほど前にお金がないというから1万円貸したのよ。そしたらこの人、昨日会ったときに『私が貸したお金、いつ返してくれるの』って言うじゃない。どうなってるの!?」とのことでした。

　さあ、困りました。丸山さんに聞くと「いつまで待たせるのかね。人に借りたお金はちゃんと返さないといけないね」との返事が返ってきました。貸し借りの証人や証書はもちろんありません。個人の金銭面や人権のことに配慮すれば、あまりはっきりとできないデリケートな問題でもあります。永吉さんのように経験を積んだケアマネジャーでも、金銭的なことに及ぶとうまく処理できず、そのたびに悩んでしまいます。

> **A28** 1人で抱え込まずに、地域包括支援センターに相談しましょう。

　丸山さんは近時記憶の障害があるため、先日のことを記銘して覚え込むことができなくなっていました。しかも人の記憶は都合よく曲げられます。自分が借りたにもかかわらず、彼女の記憶のなかの世界では、自身は借り手ではなく貸し手になっていました。その人に金銭の管理ができなくなっている場合には成年後見制度がありますが、身寄りもない丸山さんの場合には、自分から進んで後見を受ける任意後見、そして市長が申し立てをする方法などがありますが、いずれも丸山さんの場合には適合しません。

　ケアマネジャーはその人の生活全般に対するケアプラン、アセスメントを行いますが、金銭面のトラブルが起きた場合には地域包括支援センターに相談するのがよいと思います。自分だけでなんとかしようとすると、守備範囲を超えてしまうばかりでなく、過剰なストレスにさらされることになります。プライバシーや人権を守る仕事に就いているからこそ、1人で抱え込まずに相談や悩みを分けられる相手をもつことが最大のストレスコントロールです。

　例えば、弁護士や司法書士などの法律の専門家にかかわってもらうことで道が開けるときもあります。また、場合によっては地域の町内会長さんなどを含めた地域ケア会議で話し合う場を設けてもいいかもしれません。丸山さんを守り、地域のなかで暮らしていけるようにご近所さんに理解してもらうことも永吉さんの役割です。

Q29 利用者が万引きしたと誤解されました。

　介護福祉士として診療所デイケアで働く内藤新之助さんは地域の人々を支えています。他のところで敬遠されるような人の支援も積極的に行ってきました。利用者の1人に前頭側頭型認知症の67歳の男性、前島さんがいます。前島さんに暴力的な行為などまったくありません。世間で言われている前頭側頭型にはいくつかのタイプがあって、前島さんは激しい行動障害は出にくい半面、行動が無規範になるタイプでした。

　前島さんは1人で通所できる人でしたので、夕方まで施設で過ごし、いつものように単独で帰宅しました。前島さんを見送り、ほっとした午後6時半に電話が入りました。「○○警察から前島さんの妻に電話があり、彼が万引きの容疑で連行された」というものでした。しまった！　前島さんは、何をすればよいか、何をしてはいけないか、という見極めがつかないため、目についたものはポケットに入れてしまう傾向があったのです。内藤さんは前島さんに「常に寄り添う」ことを忘れていた自分を責めました。

　急いで警察署に行った内藤さんは、頭を下げ続けました。「彼の行動の特徴を知りながら、単独で帰したのは私の責任です」。病気のために出る行動をとがめられて、内藤さんは自分の管理体制の甘さを痛烈に反省しました。

> **A29** 認知症の症状を社会で共感していけるよう啓発していきましょう。

　私は平成5年頃から前頭側頭型認知症の人が「無頓着な行動」に及ぶことが多くても、社会が偏見をなくせば当事者の人権は守られると考えてきました。事例の内藤さんもそんな介護者の1人です。社会が前頭側頭型認知症への共感と理解を示してくれれば、たとえ物を持ち去る行為が起きても、みんなが笑いながら共感的に対応してくれたことでしょう。しかし現実の「地域」はそれほど共感的ではありません。「万引き」ととらえられても仕方がない行為に及んだのですから、前島さんが警察に呼ばれても当然です。

　しかし、内藤さんの熱心な支えがあって、前島さんがこれまで暮らしてこれたことは紛れもない事実です。それなのにたった一度のことで内藤さんは自分の支援を疑うほど意気消沈してしまいました。こんなとき、周囲の人には何ができるのでしょうか。

　まずは内藤さんのこれまでの努力をたたえ、警察に情報を提供すべきです。私たち介護職や医療職は、普段から積極的に社会に対して、前頭側頭型認知症とはどういう病気で、どういった症状がでるのかを理解されるように情報を発信していくことが大切です。

　こんなにも頑張っている認知症の人がいる。病気のためにこのような行為が起きたとしても、それを私たちの社会は共感できることを警察の人にも示してください。そこで理解が得られれば、それこそが内藤さんの過剰ストレスの軽減に役立つことなのです。

Q30 認知症の利用者が地域の人にけがをさせてしまいました。

　血管性認知症の82歳男性、下村さんはパーキンソン症候群を伴っています。彼を担当するホームヘルパーの乃木坂桜子さんは本来、看護師資格ももっていますが、訪問看護ステーションの勤務で疲れ果て、現在はパートのホームヘルパーとして働いています。

　当初、下村さんはレビー小体型認知症と診断されました。近所の病院で認知症に加えてパーキンソン症状もあるとわかっただけで検査もせずについた診断でした。しかし、後に診断名が独り歩きして、近所の人は「あの人、レビーという混乱する認知症らしいぞ」と噂して、日々接するのも控えるようになっていました。

　そんなある日、下村さんが乃木坂さんと外出して公園まで来たときでした。向こうからやってきたベビーカーを押した夫婦とすれ違おうとしたとき、まだ20代前半と思われる夫が「どけよ、オッサン！　じゃま、じゃま」と捨て台詞(ぜりふ)を吐きました。その瞬間です。下村さんが激怒してその夫につかみかかり、殴ってしまいました。あわてて乃木坂さんは制止しようとしましたが、転倒した夫は頭から血を流す事態となり救急車が来て大騒ぎになりました。

専門医や弁護士にも入ってもらって解決しましょう。

　血管性認知症の場合、微小脳梗塞（ラクナ梗塞）が多発して脳細胞が働かなくなってしまった部分と、正常に働く部分があり、そのため「まだら」な認知症症状が出るのが特徴です。

　今回の下村さんの言動は、微小脳梗塞の多発と、それに続いて起こる血管性認知症が彼の易怒性を亢進させたために起こったものです。このような症状が特徴ですから、乃木坂さんがいくら看護師資格をもっているといっても、支援を1人で行うには限界があります。

　しかもその人がだれか別の人を傷つけたとなると乃木坂さんは自分の存在に自信を喪失するかも知れません。それを防ぐためにチームアプローチがあります。多職種がお互いの立場を理解できず協力しづらいこともありますが、それでも地域包括支援センターや医療、行政の係官などそれぞれが分担して全体として見守ることが大切です。

　下村さんの事件はその後、専門医と弁護士が入って被害者との合意に至りました。乃木坂さんは胸をなでおろすことができ、再び仕事を続けています。もちろんけがをした夫に対しては、下村さんには悪気がなかったことを説明すると同時に、彼のような症状の人に対して不適切な言葉を投げかけることが、病気の易怒性を高めることを理解してもらうことも忘れてはなりません。

Q31 火を出しそうな利用者が心配です。

　戦前から残る家々には、多くの一人暮らしの高齢女性が住んでいます。アルツハイマー型認知症の手前である軽度認知障害（MCI）の高沢さんもそんな1人です。ホームヘルパーの足立祥子さんが頻繁に訪ねては安否確認や服薬の見守りをしていました。

　ある日、足立さんが高沢さん宅に近づくと、周囲の騒然とした雰囲気が伝わってきました。「あの家、ボヤを出したんです。認知症の一人暮らしだって。早くどこかに入所したらいいのに」地域住民からそんな意見が聞こえてきました。

　認知症になっても安心して過ごせる地域づくりを目指しながら、足立さんは在宅介護の担い手としてホームヘルプを続けてきました。それなのに火が出そうになった途端、地域住民は彼女を守る気持ちよりも、彼女から迷惑を被ることや怒りを口にするようになりました。「高沢さんの安心も大切だけど、われわれ地域住民も、生活が脅かされることなく安心して生活できるようにしたいのです」。もっともな意見です。認知症の人を受け入れるなら必要最低限度は地域の人々が戦々恐々としなくてもよいような体制を求めるのは当たり前のことです。足立さんは自分の力の無さに頭を抱え込んでしまいました。

A31 介護職だけでなく、すべての地域住民が連携して「拡大家族ネットワーク」のように見守ることが求められます。

　火を出した前後の地域住民の態度変化はむしろ自然な意見でしょう。「いくら自分たちが認知症の人にやさしい地域をつくっても、その人が出火して地域が被害を受けるのは避けたい」これは当たり前の意見です。しかし一方で、地域の状況はこの問題を避けて通れないほどひっ迫していることも事実です。私のクリニックの近辺で2010（平成22）年に調査したデータでは、地域が高齢化したこともあって、およそ7軒に1軒と空き家が増え、認知症の人の一人暮らし、認認介護は増え続けています。

　足立さんにとって最良の方法は先に書いた乃木坂さんの選択と同様に、1人ではなく多職種の連携で見守っていく、という方法です。

　介護職のストレスケアにとって大切なことは、介護職自身もまた地域住民であり、地域が壊れていくときにはネットワークをつくって見守りの輪を広げていくことが大切です。高沢さんには家族がいません。そのため、足立さんを含めた地域の介護職や地域の人が、家族ほどではなくても拡大家族ネットワークのように見守ることが求められます。

　住民も「火を出したらどうする」というだけではなく、地域の拡大家族ネットワークの一員として、自分たちも手分けして高沢さんが出火するようなことがないかを、お互いの連携で見守っていかな

ければなりません。おそらくこの先の社会ではだれかに頼むだけではなく、自分もまた積極的に協力する形を取らなければ、支え合うことができない社会になることは明らかです。

　そして介護職が専門家だからといって、すべての要求に無言で応えなければならないわけではありません。過剰なストレスによって燃え尽きてしまう介護職を減らすことができれば、崩壊しつつある社会を拡大家族ネットワークで支えることができます。そのことに地域が気づけば、要求してくるだけではなく支援する市民の目がみなさんを支える大きな力になります。「介護職はプロなのにしっかりとやってくれない」という不満をいう地域は「まかせっきり」の無責任を自覚すべきです。「私たちだってできるだけやっています」と弁明に似た返事をしている介護職は、「私たちを地域も支えるべき」と声を高くして主張することも大切です。

　かつて地域の小児科の医師が減り、窮地に立った地区のお母さんたちが「先生を守れ」と団結してサポートしてくれたことがありました。介護職も同様です。私自身も妻を介護することになって初めて、介護職から受ける恩恵の大きさを再確認しました。そして自分がユーザーとして介護職に「ケアを頼む」と言い放っていては介護職の負担が増大するだけであることに気づきました。この先の社会が介護を必要とすることは明白です。それならば、その貴重な人材を守り、介護職が過剰なストレスから燃え尽きてしまわないように支えることは、われわれの地域に求められる大切なテーマです。

Q32 ごみのことで近隣から文句を言われました。

　「生ごみを出す日は火曜と金曜に限るんだから、ちゃんと守ってもらわないとね」。若年性アルツハイマー型認知症の男性、43歳の葛西さんは町内会のごみ出しの日に近所の人に注意されました。彼は今日が何曜日かわかりにくくなっているのです。

　ある日、突然に早期退職を勧告されて、身寄りのない葛西さんはあきらめました。自分でも仕事をこなせない日々を会社で送るのが苦しくなっていたこともあり、それ以降はほぼ毎日、自宅にこもった生活です。日にちの感覚がわからなくなっても不思議ではありません。

　彼の診断書を書いた医師からの連絡で彼の担当になった地域包括支援センターの社会福祉士、内村正義さんは何とかして葛西さんをデイサービスに呼び出そうとしましたが、高齢者向けのデイサービスが葛西さんの関心を引くことはありませんでした。日ごとに内向きになっていく葛西さん、それを何とか支援したいと願う内村さんの「動かない状況」は8か月を過ぎようとしています。

　「早くなんとかしなければ」と焦るほど、内村さんは何もできない自分を恥じるようになりました。そして、こんな自分が支援者の立場でいるなんて許されないと思うようになってしまいました。

A32 周囲の人の協力を得ましょう。支援者として関与しながら観察ができるかどうか、自分との闘いの時間がそこにあります。

　ごみのことは、葛西さんだけが努力すれば改善するものではありません。近隣住民も彼や地域包括支援センターの内村さんに文句を言うだけでは問題解決につながりません。内村さんの役目は葛西さんの人権を守り、守秘を心がけつつ、地域の人に彼の状況を理解してもらうように努力を重ねることです。しかしながら、なかなか周囲に理解が広がらないこともあります。

　そんなとき私は、2人の先達の言葉と生きざまを考えながら、認知症の人や家族を支援しています。1人目は強制収容所を生きのびた精神科医のフランクル[72ページ]、2人目は精神療法家、サリヴァンです。前者は「それでも人生にイエスと言う」という言葉で表されるように、「たとえ困難な状況でも、あえて〜をする努力をし続ける」と言い、後者は子どもの支援をするなかで、たとえ、今ここで事が動かなかったとしても、みんなが自身も巻き込まれていきながらしっかりと見守っていけば、ちゃんとかかわっていることに他ならないという、「関与しながらの観察」という言葉を残しています。

　内村さんの状況にはまさにこれらの言葉が当てはまると思います。何かしてあげたくても事が動かないとき、「それでもかかわり続けること」、そしてじっとチャンスを待つ、関与しながらの観察がで

きるかどうか、内村さんの自分との闘いの時間がそこにあるからです。

　内村さんはそんな自分が許せるでしょうか。私は全霊を込めて「イエス」と言いたいと思います。先のフランクルに「あなたがいるだけでこの世界は意味をもつ」という言葉があります。地域包括支援センターの社会福祉士という立場で「逃げられない」責任のある日々を送っている彼は、人のために自分を二の次にして、たとえ事が動かなくても、じっとチャンスを待って支援しようとするでしょう。たとえ事態が好転しなくても、それでも支援のチャンスを待ち続けて仲間とともに「関与しながらの観察」をする彼が自信をなくして自分を否定しようとすることがあっても、内村さんという支援者がそこにいるだけで、私は「この世界には存続する意味がある」、と伝えたいと思います。

　介護職のみなさんも同様です。たとえ利用者が寝ているときでも、見守りの介護は続きます。そこには認知症の人や障害をもって生きにくい人がいて、その人を支える介護があります。

　そんな立場の介護職に、私は声の限りに伝えたい、あなたのような人がいてくれるだけで、この世界は意味をもっていると私は実感できます。

Q33 町内会の役員が認知症に理解がなくて困っています。

　認知症のキャラバンメイトになり認知症ケア専門士にもなった介護福祉士の柳生まさ子さんは、各地の町内会から招かれて講演会を行ってきました。今回も市内の町内会に呼ばれて「認知症を理解し、支える地域を目指して」という題で講演することになりました。柳生さんが忙しい毎日を調整してでも講演会を開くのは、彼女にとってそれが「第2の現場」だからです。さらに彼女は介護専門職を対象にした雑誌に原稿も寄せています。それが「第3の現場」だと思っているからです。

　今、担当している前頭側頭型認知症の男性、早田さんの担当をして、その思いは強くなりました。早田さんは「前頭側頭型」と病名がついただけで、他の介護サービスから敬遠され、医療がかかわろうとしなかったこともありました。現場でそんな早田さんの人権を守り、彼の利益を守ること、これが第1、しかし講演を通じてみんなが認知症を理解してくれることも大切、そして紙面を通して専門職の読者に情報が伝わることの大切さも日々感じています。

　講演会当日、町内会の会長さんが出迎えてくれました。公民館には100人近くの人が来てくれました。期待も大きい半面、柳生さんは自分の言葉から誤解ではなく認知症に対する理解が広がってくれることを願いました。ところが町内会長の言葉に

耳を疑いました。彼はこう言ったのです。「いやあ、認知症にだけはなりたくないですな。認知症だけはなったら終わりですから。うちの町内からはあんな病気の人は絶対出さないでおこうと思ってるんですわ」

啓発がすすむまではみんなそのように誤解していることがありますが、講演を依頼してきた相手がこれほど無理解なのには腹が立ってしまいました。柳生さんは年間に20回ほど講演をします。志をもって講演しているつもりですが、こういった意見を聞くとさすがに「疲れた」と感じることも増え、最近はむなしさすら覚えます。

A33 自身のペースで、無理のない範囲で啓発活動を続けていくことが大切です。

だれでも正しい情報を得ることなく、なんとなくぼんやりしたイメージだけで考えると、認知症はこのようなイメージになるのだと思います。確かに認知症にならずに済めば、それにこしたことはありません。しかし2016（平成28）年現在、462万人といわれる認知症の人、軽度認知障害（MCI）まで含めると800万人もの人が記憶や認知機能の低下と関係がある今日、町内会長の言う「あんな病気」の人とは言えません。そのような「特別の人が特別の状況でなる病気」ではないからです。町内会長も柳生さんの講演を聞いて早くそのことに気づいてくれることを願うばかりです。

柳生さんの思いは早田さんが受けた社会的な差別の解消にも大き

な役割を果たすことでしょう。認知症のなかでも数が少なく誤解を受けているものは少なくありません。それらのものは病名がついただけでスティグマ*1をもってしまいます。

　それをなくすには現場で地道な努力を重ね、理解を広げていくことと並んで、少しでも多くの人に正確な情報を伝え、しっかりと理解してもらうことが大切です。柳生さんの講演を聞いた人々が、また別の機会に自分の情報を他の人たちに伝えることで、より広い理解と認知症に対する共感が広がっていきます。

　その担い手の柳生さんですが、やはり無理解な人を前にするとストレスを受けることは明らかで、それが重なってくると重荷になることもあります。だから柳生さん自身のペースに合わせて無理のない講演や執筆活動を続けていくことが大切です。

　認知症サポーターは全国に広がり続けていますが、これこそ地域に1人でも多くの認知症への理解者を増やすことで、本人や家族が安心して生活できる「わが町」をつくることの大切さをうたっています。認知症の人を支える介護職が地域に理解され尊敬の念をもって受け入れられること、それが私は介護職の過剰なストレスを軽減するための最も大きな力だと思います。大変な仕事であっても、社会がその大切さを知ってくれている、自分たちの志を社会が支えてくれると思うだけで、人の支援を人生の目的にした人には後押しになります。介護職に助けられている地域の私たちが介護職の後押しをして、お互いに支え合うことで、支える側と支えられる側の垣根は限りなく低くなっていきます。

---

*1
聖痕という意味。
病名がついたためにその人につけられた傷、差別を受けてしまうようなイメージのこと。

こんな私たちにも
できること

※終章

なぜ、私がこの本を書こうと思ったか

　これまでさまざまな局面で介護職が受ける過剰なストレスとその解釈を見てきました。「それなら、このようなストレスにさらされたときにどのような対応をすればよいか次の章には書いてあるはず」と思われたかもしれません。しかし、なんらかの方法を使えば立ちどころに悩みは解決する、そのような解決策は私のこれまでの経験ではありませんでした。

　悩みの個別性があるためでしょうか。だれかが開発した方法を使えば、だれでもこころのバーンアウトを防げるのなら理想的な方法を提示しましょう。しかし各自が悩みながら苦しみながらもなんらかの方法にたどりついて、自分にのしかかった過剰ストレスを軽減していきます。

　終章では私自身がどのように考え、どういった「ものの見方」をすることでこれまで破たんしなかったかを書くことにします。私の立場は医師です。読者のみなさんは介護職、社会福祉の徒です。立場の違いはあっても、私が医師としての24年、どのようにしてきたかを読んでいただくことで、読者の明日につながるヒントにしていただきたいと思います。

　私は治療者として認知症の人や家族に寄り添うことの大切さを、これまでいろいろなところで書き、話してきましたが、自分の精神内界をもう一度覗きこんでみると、とても弱い人間です。人の支援や治療ができるようなタイプではありません。これまでに何度も

「家族支援」として認知症の人をめぐる家族関係を支援しようとしましたが、そのことでかえって家族内に混乱が広がり、家族の亀裂を深めてしまった苦い経験も数え切れないほどもっています。

特にある時期は「高齢者虐待」を専門に活動していましたので、認知症の人とその介護家族が虐待といわれても仕方がないような結果に追い込まれた姿を見て、その介護家族の「悲しみ」に向き合ってきました。私には荷が重すぎる支援でしたので、何度も体調を崩しました。

善意をもってその人を介護しようと思っていたにもかかわらず、認知症の諸症状に出合うことで、無意識のうちに介護者が燃え尽きたような形で本人への不適切な行為に及んでしまうような「善意の加害者」と出合うとき、私のこころは限界を超えて頑張り続け、その介護に安心できる状況が訪れると私自身が倒れこんでしまうようなことが何度もありました。介護職のだれもが一度は経験する、「私は支援者にむいていないのかな」という疑問も何度も自分に問いかけました。

だからこそ本書を書きました。私が強くてだれもが頭を抱えるような事態に遭遇しても「私に任せておきなさい」と言えるような強い人間だとしたら、本書を書くことはなかったでしょう。ボクは本当に弱い。でも、同じ支援職として自分を削って人のために働き、結果として過剰なストレスを受けている介護職が「明日もまた、人のために生きてゆこう」と思えるようになり、私からのメッセージが意味あるものになることを願っています。

自分へのエンパワメントも大切、反省ばかりしないこと

　日々の仕事で反省しないのはいけません。自分が独善的ではないか、勝手に自己満足のために支援をしていないか、常に考えます。そのことを大前提としてできている人には、あえて「自分の反省ばかりしないでください」と伝えています。

　真面目で熱心な介護職は何かがあると反省会ばかりしています。報告、連絡、相談の「ほうれんそう」を叩き込まれているからでしょうか、何かあれば「自分たちの今回の反省は何か」を考え続けている姿を目にします。でも私は、反省をした後に今一度、この支援で評価できることは何かを検討するようにしています。「そんな考えでは自分を甘やかすだけじゃないか」と思う人にはこれ以上書けません。でも、甘やかすのではなく、自分の悪いところばかりを見つけて反省だけしているところには、次につながる希望がもてなくなる人もいます。何がダメだったかを検証することを前提にして、私はあえてその後に「それでも何がよかったか」を考えていただきたいと思います。みなさんが明日につながるエンパワメントとしての自己肯定ができることが大切だと思います。私自身も反省ののちに自分を明日に向かって奮い立たせるためには、甘えではなくセルフ・エンパワーのために「よかったことに目を配る」ことを忘れないように心がけています。

だれが あなたを引きとめてくれるか

　次に大切なことは、自分の不在と存在が周囲に及ぼす影響について考えることです。「ろくな支援者ではない自分でも、この世のなかではまだ、自分を必要としてくれる人がいる」という感覚です。自分が人生をかけて何かをやるための使命感というのでしょうか。完璧ではなくても、何か人のためにしようと努力していると、いつも認知症の人や家族に背中を押してもらっていることを実感します。

　介護職も日々の努力にかかわらず、現場での偶発的な事故や認知症の悪化によって本人の状態は経過していきます。何事もなく日々の介護を続けたいと願っても、残念ながら時間の経過はその人の脳の変化につながり、その人は悪化していきます。それでも本人や家族から「そこにいてもよい」と言ってもらえることが介護や支援に携わる人たちを支えてくれます。

　私も医師として力量不足で、しかも燃え尽きそうになったことがたびたびあります。読者のみなさんも思い悩み、そしてそれでもこの仕事をやり遂げたいと願っていることでしょう。そんなあなたがいるかいないかで社会の損失を考えてみてください。あなたが不完全で弱く、何もできない介護職だとしても、あなたがこの社会にいてくれるのといないのでは大きな差が出ます。不完全でもあなたがいることで助けられている人々がたくさんいます。自らの命を燃やしながら人のために人生を送ろうとするすべての人に、あなたの存在はそれだけで社会の宝です。私が赦されたようにあなたの存在自

体が認知症の人や家族に希望を与えていることに、今一度思いをはせて、自身を過剰なストレスから守りつづけてください。「あなたがいるだけでこの世界は意味をもつ」と思える道を進めるように。

おわりに

　何年も留年して歯科医師になった後、ふたたび四苦八苦して医師免許をとり入局させてもらったのが母校の精神科医局でした。口腔領域の心身症を専門にすることなどをぼんやりとイメージしていたら、初めて担当した患者さんはパーキンソン症候群のある認知症の高齢男性でした。それが縁となったのか、認知症を医師として支援することが私の人生になりました。

　認知症は現代の医療では完治できないことはだれもが知っている事実です。

　医師である以上、担当した人が健康を回復することに生き甲斐を見出すのでしょうが、私は生活習慣病や認知症のように「完治できなくても生涯をかけて付き合っていく疾患」を見守ることが役割だと感じました。若年性認知症の人もたくさん来院されますが、多くの高齢者が病気と向き合うときにその人や家族を支えることは、自分もその悲しみを「わがこと」として考え、共感のなかで分かち合っていく覚悟をもつことだと本当に実感できたのは、父や母を見送り、自分の人生にも限りがあると感じた年齢に達した頃でした。

　「人はみな、老いていくことは当たり前なので、認知症も特別な病気と考えなくてもよいだろう」と若い頃言っていました。自分は違うと思っていたかのような発言でした。その奢った考えが一変しました。妻の介護を1人で行うようになった私は、初めて多くの人に支えられていることに気づき、共感のなかで伴走してくれること

のありがたさを知ったからです。

　医師という立場にいるため、日頃から「支える」と表現しますが、難しい疾患の臨床では伴走することにつきます。認知症の人と人生を送り、家族とともに支え合う、支えるように見えていても、実はその人や家族、地域の人に支えられながら生きることで、私は自らの存在を成り立たせています。今なら「なんとこの人生は酷いのだろう」と嘆く人の苦しみをともに背負うことを目指せるかもしれません。その人とともに生涯を送ることが求められるのは自明のことなのに、いざ専門医になったとたんに「ほどこす側の視点」に立っていた自分が変わるチャンスでしょう。本当の伴走者としての役割は59歳になった今、改めて出発点に立ちました。認知症の人と生きる人生を伴走したいと願う私がここから始まります。

　本書を出版してくれた中央法規出版は介護職と医師である私とをいつも連携させてくれます。『おはよう21』や「けあサポ」などの雑誌・ホームページを通して生活を支えることの大切さをいつも示してくれます。編集者の寺田真理子さんは私のメッセージをみんなに届けてくれました。このメッセージが介護職に届き、ケアの現場で苦しい思いをしている人を支える一助になれば、散々な苦労をさせた両親も、私の回り道をそっと許してくれるのかもしれません。

　息の長い活動をしてください。今は苦しく絶望に満ちていても、だれかの人生を支えようとしたあなたのこころがあればこそ、認知症の人が支えられます。ゆっくり行きましょう。ときに後退してもあなたの存在には大きな意味があるのです。

　　　　「おわりに」の一部は『月刊福祉』平成27年7月号から転載、加筆しました。

参考文献

『それでも人生にイエスと言う』
V.E.フランクル●著 山田邦男●訳 松田美佳●訳
[春秋社、1993年]

『精神医学的面接』
H.S.サリヴァン●著 中井久夫ほか●訳
[みすず書房、1986年]

松本一生
[まつもといっしょう]

昭和31年11月 大阪生まれ さそり座
昭和58年3月 大阪歯科大学卒業
平成02年3月 関西医科大学卒業
専門領域●老年精神医学[認知症]②介護家族・支援職の心のケア
松本診療所ものわすれクリニック理事長・院長
大阪市立大学大学院[生活科学研究科]客員教授
日本認知症ケア学会理事
大阪府認知症施策推進会議メンバー
元・厚生労働省「認知症を知り地域を作る」キャンペーン1
認知症本人ネットワーク支援委員会 委員長

こころが軽くなる
認知症ケアのストレス対処法
2016年10月23日発行

著者●
松本一生

発行者●
荘村明彦

発行所●
中央法規出版株式会社
〒110-0016 東京都台東区台東3-29-1 中央法規ビル
[営業] TEL.03-3834--5817 FAX.03-3837-8037
[書店窓口] TEL.03-3834-5815 FAX.03-3837-8035
[編集] TEL.03-3834-5812 FAX.03-3837-8032
http://www.chuohoki.co.jp/

装幀●日下充典
イラストレーション●小峯聡子
本文デザイン●KUSAKAHOUSE
印刷・製本●長野印刷商工株式会社

ISBN 978-4-8058-5421-1

定価はカバーに表示してあります。
本書のコピー、スキャン、デジタル化等の無断複製は、
著作権法上での例外を除き禁じられています。
また、本書を代行業者等の第三者に依頼してコピー、スキャン、デジタル化することは、
たとえ個人や家庭内での利用であっても著作権法違反です。
落丁本・乱丁本はお取り替えいたします。